教職教養講座 第6巻
道徳教育

京都大学名誉教授
田中 耕治 編著

高見 茂・田中 耕治・矢野 智司・稲垣 恭子 監修

協同出版

刊行の趣旨

　『新・教職教養シリーズ』が、和田修二先生、柴野昌山先生、高木英明先生の監修で刊行されて以来、早や4半世紀が経とうとしています。まだ駆け出しの研究者であった私達は、先生方のご指導の下、シリーズ刊行のお手伝いをさせて頂いたことを昨日の如く鮮明に記憶しています。

　この間わが国の教育は、国際環境の変化、国内の経済・産業構造や人口動態の変化、児童・生徒の興味・関心や父母の教育要求の多様化等、従来には見られなかったダイナミックな変化に晒（さら）され、同時多面的な対応を迫られて参りました。こうした実情に対応すべく、教育行政、学校教育、教育課程、教員養成等の改革・改善を志向する教育政策が矢継ぎ早に打ち出されました。

　何れの時代においても、教育界の基幹的任務は人間の育成であります。取り分け変化が激しく先行きの見通しが不透明な今日、変化を的確に捉え時代の要請に柔軟に応答できる人間の育成が求められています。そのためには、現職の教員もまた生涯学び続ける能力の獲得が重要となると考えられます。同じ基準の下、国民全般にわたって広く人間の育成を担うのは、学校教育現場の教員であり、教員自身の資質・能力の向上が今ほど求められている時代はありません。最先端の知見を吸収し、日常の教育指導実践に活かせることが大切です。

　今回刊行される『教職教養講座』全15巻は、『新・教職教養シリーズ』の継嗣に当たるもので、京都大学大学院教育学研究科・教育学部の現職スタッフが中心となり、教職課程の教科書として編まれたものです。編集方針としては、京都帝国大学文科大学の「教育学教授法講座」以来の伝統を受け継ぎ、人間・心・社会と教育の関係を軸に、教職に関わる最先端の研究成果と教職の在り方を全国に発信・提案することをねらいとしています。本講座が読者の知的好奇心を満たし、今後の糧となり道標になることを祈って止みません。

　　　　　　　　　　　　京都大学白眉センター特任教授　　高見　茂
　　　　　　　　　　　　　　　　　京都大学名誉教授　　田中　耕治
　　　　　　　　　　　京都大学大学院教育学研究科教授　　矢野　智司
　　　　　　　　　京都大学大学院教育学研究科長・教授　　稲垣　恭子

まえがき

　2015（平成27）年一部改訂学習指導要領において、従来の「道徳」は「特別の教科　道徳」として位置づけられ、あらためて学校教育全体を通じた道徳教育のあり方が問われようとしている。言うまでもなく、人間の教育は究極において人間の道徳性育成をめざすものであり、したがって道徳教育とは教育的営為それ自体と不可分の関係にある。教職教養講座に占める本巻は、きわめてタイムリーな、そしてラジカル（根本的）な位置を占めるものである。

　しかしながら、戦後日本の教育学において、学校教育において道徳教育をいかに構想するのかについては、必ずしも充分な考究がなされたとは言えない。むしろ、道徳教育を考察すること自体に懐疑的な視線が向けられて来た。それには、近代日本の道徳教育が歩むことになる負の遺産への歴史的反省が大きく影響したと考えてよいだろう。

　以上の問題意識を共有して、本書では、道徳教育に対して、まずは哲学的に本質的に迫るとともに、さらにはその歴史を紐解きつつ、その今日的あり方を探ろうとした。以上を踏まえて、現代日本の学校現場を想定して、子どもたちの発達段階を意識して、新しい道徳教育の実践的な方法を提案している。また、道徳教育を担う教師のあり方にも踏み込んだ考察を加えた。

　このように、道徳教育を対象とする本書は、その対象の性格に即して、多彩かつ熟達した執筆者によって上梓したものであり、多くの類書に比して、完成度の高いものとなったと自負するものである。

　読者は、本書を章の順番に即して読み進めてもよいし、その切実さに応じる章から読み始めてもよいだろう。おそらく、道徳教育のあり方、進め方を考える大切なヒントを多く得ることができるだろう。

　最後になったが、このような完成度の高い本書を上梓することができたのは、道徳教育のオピニオン・リーダーとして大活躍されている松下良平氏と荒木寿友氏の多大な助力に負うところが大きい。また、出版事情が厳しい中で、このような素晴らしい企画に参画させていただいた、協同出版殿と編集担当の諏訪

内敬司氏に、この場を借りて心より御礼申し上げたい。

2017年9月

編著者　田中耕治

教職教養講座　第6巻　道徳教育
目　　次

まえがき・1

第1章　道徳の思想と道徳教育 …………………………………………… 5
　第1節　欧米の思想を中心に・5
　第2節　日本の思想を中心に・20

第2章　道徳教育の可能性 ………………………………………………… 33
　第1節　道徳教育を支える理念を探る・33
　第2節　「いのち」をかなしむ―道徳教育の基盤への一視点―・42

第3章　道徳教育の歴史 …………………………………………………… 53
　第1節　戦前の道徳教育・53
　第2節　戦後初期の道徳教育・64
　第3節　特設道徳から特別教科化へ・74

第4章　道徳教育をめぐる今日的課題……………………………………… 83
　第1節　道徳科の展望・83
　第2節　情報消費社会における道徳と道徳教育・92
　第3節　公共の問題について「考え、議論する」道徳教育・105

第5章　発達に応じた道徳教育の展開と課題……………………………… 117
　第1節　小学校低学年・117
　第2節　小学校中学年・128
　第3節　小学校高学年・137
　第4節　中学校・145

第6章　道徳教育の教育方法………………………………………………… 153
　第1節　道徳教育における教材・153
　第2節　道徳教育の方法・160
　第3節　新しい道徳の実践・167

第4節　道徳科における教育評価・176

第7章　道徳教育における教師の役割……………………………………… 185
　　第1節　道徳教育をためらう教師・185
　　第2節　二つの子ども観・189
　　第3節　児童生徒の「何を」育んでいくのか・192
　　第4節　教師が自らの「あり方」を探究する視点・196

　索引・203

第1章
道徳の思想と道徳教育

第1節　欧米の思想を中心に

第1項――なぜ道徳の思想を問うのか

　道徳教育について考えるとき、なぜ道徳の思想について論じる必要があるのだろうか。嘘をついてはいけない、いじめをしてはいけないといった「人として当たり前のこと」ができるようになり、相手のことを考えて自分勝手やわがままを抑えられるようにするのが道徳教育だと考えている人であれば、道徳の思想なんてまるで役に立たないと言うかもしれない。思想などというややこしいことを頭で捏ねくり回す前に、道徳的行為を促す教育や、思いやりの心を育み、自己コントロールする意志やスキルを高める教育のやり方（指導法・テクニック・秘訣）こそを教えてほしい、というわけである。

　だがちょっと待ってほしい。「人として当たり前のこと」は本当に当たり前なのだろうか。たとえば「嘘をつくな」。養育を放棄して家を出て行った母親を思慕する幼い子どもに対して「お母さんはあなたを見捨てたんだよ」と告げるのは、道徳的によいことなのだろうか。「あんまり悪ふざけばかりすると雷様におへそを取られるよ」と子どもを叱る親は嘘つきなのか。これらの問いかけに対して「その通り」と答える人はあまりいないだろう。「嘘をつくな」には例外がありそうだし、「真実」でなければ「嘘」になるというわけでは必ずしもなさそうだからである。

　「いじめをするな」についても「当たり前」を問い直すことができる。た

えば、「あの子は人の嫌がることばかりする」などの理由で「いじめられても仕方がない」と考え、心の底ではいじめを容認する気持ちがあるからこそいじめをしてしまう場合がそうである(1)。二つの対立する「当たり前」が並存しているときは、その対立に目を向け、「いじめはやむをえない」というホンネに向き合うことが必要になる。そのような考え方のどこにどのような問題があるのかを理解しない限り、いじめは克服されない。

「自分勝手やわがままを抑えよ」についても問い直す余地は多々ある。そもそも自分の欲望や利益を抑え込むことが道徳だとすれば、道徳とはなんと窮屈で鬱陶しいものだろうか。道徳に従うほどに辛さが増し、幸福から遠ざかっていく（さもなければ幸福を喜びの断念と見なさざるをえなくなる）と言うこともできる。これでは道徳教育をすればするほど道徳嫌いが増えることになりかねない。これが本当に道徳なのだろうか。

これらの事例からもうかがえるように、何が道徳的によいこと・正しいことなのか、必ずしも自明ではない。そもそも道徳とは何か、考えるほどにむしろわからなくなると言ったほうがよい。道徳教育を行う前にそのことをきちんとおさえておかなければ、よい・正しいと思っていることを教えながら、間違ったことを教えたり、いくら熱心に道徳教育をしても道徳的によき事態が生み出せなかったりして、逆に道徳への不信や道徳教育への反発が高まることになりかねない。

見方を換えると、道徳が一筋縄ではいかず、簡単に理解できるとは限らないからこそ、道徳を教育することが必要になると言うことができる。単にルールに従わせることだけを目指すのであれば、道徳教育は最善の策とは言えない。ルール違反したら罰を与える、一定の行動を誘発しない（する）ように環境＝アーキテクチャを構築する、などの教育以外のやり方によるほうが手っ取り早くて効果的なのであり、道徳教育は手間暇がかかるわりには効率が悪いからである。たとえばいじめ防止に即効性を求めたいのであれば、教育によって人の内面に働きかけるのではなく、子どもたち同士が互いに関わらないようにすればよい。そして実際にも、緊急避難策としてはしばしばそのような対策が採られる。

けれども、そのようなやり方ばかりに頼ると、今度は別の問題が生じる。多

様な人との関わりの中で成長する機会が奪われ、必要な社会的能力が身につかないおそれがあるということだ。そもそも「いじめをするな」という道徳が求めているのは、単に「いじめ」として認知される行為を発生させないことではない。むしろ他者と適切に関わることである。他者とかかわる中でトラブルや軋轢（あつれき）が生じたとき、特定の人間を排除して事を収めようとしないことである。だからこそ「教育」が必要になる。これがうまくいかないと、目に見えるところでいじめが減っても、ネット空間のように大人や教師の監視の目が届かないところではいじめが蔓延（まんえん）することになりかねない。果ては、大人になっても同様のことをくりかえすおそれがある。その裏側では、いらだちや不満を感じる人とは最初から関わろうとしない、という事態も進むであろう。いじめの発生件数を単に減らすためだけの対策は、差し迫った状況下では必要だとしても、そもそも道徳教育とは言えないのである。

このように「道徳とは何か」を問い、道徳の実像を理解しない限りは、道徳教育の適切な目的や方法を明らかにすることはできそうにない。そこで本節では、道徳の多様な姿をめぐる見取り図を大まかに描いてみたい。それこそが、道徳教育について考える際の出発点になると考えられるからである。

第2項　道徳の二つの起源

そもそも道徳の原点や原型はどこにあるのだろうか。なぜ人間は道徳という文化を維持してきたのだろうか。道徳を毛嫌いする人の中には、「道徳は人間を縛る。自由に生きたければ道徳は拒否せよ」と嘯（うそぶ）く人がいる。真に自由であり続けられる強さがあれば人は道徳なしでやっていける、というわけだ。だが、そのような考え方には一面の真理があるとしても、その視界に入っているのは道徳のごく一部でしかない。道徳をより包括的に捉えるために、まずは道徳の起源を大きく二つに分けて論じてみたい[2]。

（1）自然の道徳

我々が道徳と呼んでいるものは人間だけが特権的に持っているのではない。ヒトと同様に霊長類に属するボノボやチンパンジーやゴリラも、相手に共感し

て手を差し伸べたり、互いに協力し合ったりといったことをする。ゾウやイルカなどの哺乳類も（アリとは異なるやり方で）意識的に互いに協力や援助をすることができるが、これら類人猿は時としてヒトよりも「人間的な」振る舞いをするときもある。さらに、類人猿もまたヒトと同じく、集団の一員として共通の掟（おきて）や禁忌に従う(3)。これらの道徳は、個体同士の関係を維持したり集団内の結束を維持したりして、各個体や集団がいわば安寧や安定のうちに生きていくことを支えていると見なすことができる。そこで、人間が類人猿と共有する道徳をここでは「自然の道徳」と呼んでおこう。人間の場合はこの道徳の中身や表現様式を文化として洗練させ、時には宗教的次元にまで引き上げている。だがそれでも、人間の「自然の道徳」はヒトが霊長類（さらには哺乳類）であることに根差し、その意味で生物学的な基盤を持っているのである。

　これまで人間は時代や社会を超えて広くこの自然の道徳に従ってきた。多くの人が「道徳」と聞いてまず頭に浮かべるのも、この自然の道徳であろう。もちろん、思いやりや協力をどのような時に・誰に対して・どのような仕方で表現するかは時代や社会によって多様である。共同体（集団）の掟や禁忌の中身も、時代や社会によって大きく異なる場合が少なくない。とはいえ、人類がはるか太古から継承・発展させてきたのがこの自然の道徳だとすれば、ヒトとしての性格を失わない限り人間は、未来においてもこの道徳を手放すことはないだろう。

　では、自然の道徳はどのようにして習得されるのだろうか。言うまでもないが、学校で教えなければ自然の道徳は身につかない、ということはない。子どもたちの大半が学校に通うようになって日本ではまだ1世紀ほどしか経っていないし、もちろん類人猿に学校はない。ミラーニューロンという神経細胞などが共感の生物学的な根拠になっていると考えられるが、思いやりや協力であれ共同体の掟であれ、自然の道徳は日々の生活の中で"自然に"学ばれていく。つまり他者の振る舞いを模倣し、その振る舞いに慣れ親しむとによって、知らず知らずのうちに身についていく。この道徳の中身や表現様式は、自然環境、生活環境、文化の違いに応じて大きく異なりうる。そのことを考えると、共同体の環境や文化になじみ、共同体の人びとと生活様式や関心を共有することも

また自然の道徳の学びにとって不可欠だと言えよう。さらに類人猿の場合にも当てはまるのだが、掟や禁忌を破った者に対する制裁（処罰）という手段もそこではしばしば用いられる。

いずれにせよ、自然の道徳は、共同体の人びとと交わり生活を共にする中で、協働やコミュニケーションを重ねることを通じて身についていく。しかも基本的な道徳であれば、必ずしも言葉は必要ない。今日、「人として当たり前」の道徳を学ぶために学校の道徳教育を強化せよ、と声高に説かれることが少なくない。だが、自然の道徳の習得に関しては、もっぱら言葉に頼る学校の道徳授業は、生活の中の学びに比べればほとんど無力だと言ってよいのである。

（2）人間の道徳

類人猿とは異なり、人間は「自然の道徳」とは異なる系統の道徳も持っている。その道徳の起源は紀元前8世紀から紀元前2世紀頃、すなわちヤスパース（Karl T. Jaspers）の言う「枢軸時代」における精神革命にあると見なすことができる。つまり中国、インド、イランとパレスチナ、ギリシアといった地方において誕生し、今日まで深い影響を及ぼしている諸宗教・哲学（諸子百家、ウパニシャッド哲学・仏教、ゾロアスター教、ユダヤ教、ギリシア哲学など）[(4)]である。そのため、このもう一つの道徳は、生物学的存在としてのヒトに固有なものであるというよりも、人類史上もかなり限定された時期と社会の人間のみが支持している道徳だと言うことができる。

これらの諸宗教・哲学の中身は実に多様である。だが、そこには一定の傾向や特徴を見いだすことができる。「枢軸時代」は商業・交易の発展を背景として小国家・都市国家が群立し、それらの間で交流や抗争が盛んになった時代であり、共同体内の既存の価値が疑われたり否定されたりして、混乱の中で新しい価値が模索された時代であった。そのとき、共同体で通用している価値に懐疑の目を向け、時にはその価値をきびしく批判した個人が、共同体から離れることによって、これらの思想は誕生した。しかも、共同体から自立した個人が宗教的な超越者の観点から思索することによって、思想は普遍性を志向するようになり、（特定の共同体で生活する具体的な人ではなく）普遍的存在として

、の「人間」に当てはまるものとして道徳・倫理を提示したのである。そのためここでは、その思想が説く道徳を「人間の道徳」と呼ぶことにしたい。

かくして、「人間の道徳」もまた中身は多種多様だが——愛、慈悲、協同、連帯、平等、自立、自由、人格、幸福といったものが含まれる——、それらは一定の傾向を共有していると言うことができる。既存の価値の根本的な問い直し、自己への沈潜、普遍的な価値の探究、商業（商品交換）の拡大に伴って失われていく贈与（他者に惜しみなく与えること）の道徳の回復、などの傾向である。それらは、平和構築や秩序回復の理念、新しい国家や共同体の理想、戦乱や社会的混乱を生き抜く知恵を支えようとする点でも概ね一致していた。

人間の道徳は現代社会にも深い影響を与えている。とりわけ近代西洋に生まれた人間の道徳は、戦後日本社会の基本理念を根底のところで支えている。本書で最初に欧米の道徳思想を中心に論じるのもそのためである。

第3項　近代社会の道徳

人間は一人ひとりが個人として自由である権利や生きる権利を持つという近代の考え方は、古代ヨーロッパの「人間の道徳」を読み替えたものと言うことができる。すなわち、16世紀の宗教改革によって成立したプロテスタンティズムが自由な経済活動を促すのに伴い、共同体から離脱して神と結びついた初期キリスト教の個人という考え方が世俗化（脱宗教化）し、一般化した結果として、人権思想が生まれたということである。言い換えれば、一人ひとりが生まれながらに理性をもった存在として神の前で平等であるという考えに支えられながら、一定の資産をもった市民（ブルジョワ）階級が台頭し、国王の権力を制限・否定することによって、人権という考え方が誕生したのである。

個人の自由権や生存権などを尊重・擁護する人権思想は、17世紀以降今日にいたるまで紆余曲折を経ながらも、西洋社会を支える道徳的基礎になっている。しかもそれらは、19世紀から20世紀にかけての国民国家の誕生を機に、世界各地に広がった。日本では大日本帝国憲法（1889（明治22）年公布）において一部の自由が権利として容認されただけであったが、敗戦を機に誕生した日本国憲法（1946（昭和21）年公布）では基本的人権尊重の考え方が基本理念になっ

ている。その後、経済活動の自由が促され、福祉の充実が図られる中で、自由権や社会権の考え方が一定程度浸透してきたことを考えると、日本社会に生きる現代人もまた近代欧米の道徳思想に深く影響を受けていると言うことができる。

　人権思想と深く結びついた近代欧米由来の道徳は、個人の自由を権利として承認することから議論を開始する。そこでここでは、その道徳を「リベラリズム道徳」と総称することにしよう。リベラリズム道徳は、自らがよいと思うものを追求する自由（経済的自由や思想的自由など）を権利として尊重するとともに、それをあらゆる人に平等に保障しようとする。そのとき、単に何ものかに束縛され拘束されていない状態だけが自由（消極的自由）なのではなく、自分自身が自らの生の主体であること、すなわち自らの力で生活できること（自立）や、自らの行為を自ら決められること（自律）もまた自由（積極的自由）である。

　リベラリズム道徳を説いた思想の代表としては、功利主義とカント主義をまずは挙げることができる。功利主義は各人にとっての快や満足（幸福）を善と見なし、その最大化を追求する。功利主義が説く「最大多数の最大幸福」の原理は、近代民主主義における多数決の原理の理論的基礎ともなっている。一方、カント（Immanuel Kant）の道徳思想は、少数者を犠牲にしかねない功利主義に対して、〈自らの行為原理があらゆる人に妥当する普遍的な原理になること〉を求める。一人を犠牲にしてその他の多数が幸福になることは、功利主義の観点からは是認されるときがあるが、正義を重んじるカントの観点からは決して許されない。ただし、カントの観点を徹底すると、正義を貫徹するためには社会全体が不幸になってもかまわないということにもなりかねない。

　リベラリズム道徳にはもっと素朴で原初的なバージョンもある。個人の経済的自由（それを支える利己的な欲望）を積極的に肯定するとき、個人や集団は互いに対立し、不正やトラブルが生じやすくなる。そのため、社会的混乱や迷惑を避け、安全に自己利益を追求するためには、合理的に計算されたルールを設定し、市場での取引や競争に参加する人びとがそれに従う必要がある。このとき、このルールが道徳と見なされるのである。17世紀に起源を持つこの市場道徳は、ネオリベラリズム（新自由主義）の政策導入に伴い、20世紀末以降に

改めて力を取り戻してきた。経済活性化のために規制を緩和し、欲望を煽り立て、自由競争を促して危険や混乱が高まる社会になるほどに、「安全（安心）」を確保するための道徳も次々と増えていく。ここではそれを「ネオリベラリズムの道徳」と呼んでおこう。

具体例に沿ってリベラリズム道徳の多様性を整理してみよう。その道徳に従えば、嘘をついていけない理由は、「効用（満足をもたらす力）」「正義」「安全」のいずれを考慮するかによって様々である。功利主義によれば、多数者に満足をもたらさないからである（それゆえ多数者のメリットになるのなら嘘も許される）。カントによれば、どれだけ社会的メリットがあったとしても嘘をつかれる側に回ったら承服できないからである（だから嘘はいついかなる場合でも許されない）。ネオリベラリズムによれば、安全安心に商取引ができないからである（だからバレなければ・失うものが小さければ嘘はついてもよい）。

ただしいずれの場合でも、道徳教育は自己コントロールを求める。理性が命じる何らかのルールや原理に背かないように自己の欲望にブレーキをかけること、これが道徳教育の目的になる。理性の発達を促しながら自己の外側にあるルールや原理を認知させ、それを感情（心）に刻み込み、それを実行するように自覚を促したり意志を鍛えたり意欲を高めたりすること、これが道徳教育となる。戦後日本の学校における「道徳の時間」や「特別の教科　道徳」（道徳科）の学習指導要領では、「道徳的判断力、道徳的心情、道徳的実践意欲と態度」を養うことが一貫して基本目標と見なされてきた。そこではリベラリズムに立脚した道徳教育の図式が前提になっている言えるのである。

第4項　近代道徳への批判

近代の西洋社会で生まれたリベラリズム道徳は、人によってはもはやそれ以外の道徳の有様を想像できないくらいに、現代の日本社会にも深く浸透している。ところが、この道徳に対しては、当初から今日にいたるまで幾多の厳しい批判の目が向けられてきた。ここでは代表的な批判をいくつか取り上げ、その概要を要約してみたい。

（1）共同体主義（communitarianism）[5]によれば、リベラリズム道徳は近代

の理性に根拠を持つ道徳のみを信じ、歴史の中で築き上げられてきた共同体の伝統としての道徳（共同体道徳）を無視している。つまり「自由で理性的な個人」という抽象的人間を前提にして合理的に構築された普遍的な道徳のみを信頼し、歴史に根差した文化としての具体的な道徳を非理性的で特殊なものと見なして信用していない。そのため、近代の理性が価値問題ではなく事実問題のみに妥当するとされるようになり、さらには環境破壊や戦争や人間管理を支えるものとして理性そのものに対する不信が高まると、リベラリズム道徳の根拠は不確かになり、道徳が個人の主観（感情や好み）の問題にすりかえられていく（第4章第2節）。リベラリズム道徳は、共同体の道徳を視界の外に置いた結果として、道徳そのものへの不信を招き寄せているのである[6]。

（2）ケア論[7]によれば、人間の倫理的基礎は他者とのかかわりや結びつきにあり、そこに見いだせるのが、相手への応答責任（レスポンスビリティ）、あるいは他者への思いやりや配慮といった「ケアの倫理」である。それに対してリベラリズム道徳は、個別の事情を伴う人間関係への配慮を欠いたまま、もっぱらルールや原理を重視し、正義や安全を抽象的・形式的に追求する。そのため、状況を考慮せずにルール違反者を一方的にバッシングする場合が一つの典型だが、しばしば冷酷さや無慈悲をあらわにする。そもそも、そこで前提となっている「自由で理性的な個人」とは互いに分離し孤立した人間であり、他者との結びつきを欠いたまま自らの力や自己利益の拡大を追求する存在である。ケアの「倫理」が女性の観点を色濃く反映しているのに対して、リベラリズムの「道徳」は近代社会に生きる男性の観点を反映しているのであり、リベラリズム道徳は男性特有の暴力性を内に秘めているのである。

（3）共同体主義は共同体が共有している徳や規範の意義を強調し、ケア論は人間同士の関係やつながりを重視している点で大きく異なるが、両者の主張には共通点がある。個人、自由、権利、理性、自立、交換などを重んじるリベラリズム道徳に対して、状況、責任、身体、物語、実践、贈与といったものの意義を強調するということである。人間観についても共通する点がある。リベラリズム道徳が人間を他者から切り離された個人、あるいは同質的で対称的で互いに交換可能な存在と見なすのに対して、ケア論や共同体主義は共に、人間

を他者と結びついた存在であり、非対称的で互いに交換不可能な存在と見なす。つまり、〈固有の歴史的・社会的状況において・固有の他者と・固有の仕方で・呼びかけ－応えつつ生きる関係的・対話的・相互依存的存在〉として人間を捉える。こうしてみるとケアの倫理や共同体道徳は共に、リベラリズム道徳が圧倒的な力を持つ現代社会の中で、類人猿以来の「自然の道徳」を現代社会の条件に照らして再定義し、賦活しようとしていると見なすことができる。

（4）マルクスが切り拓き、批判的な社会科学がその後広く共有するようになったイデオロギー批判[8]の論理に従えば、リベラリズム道徳は道徳に関する問題の本質を捉え損なっている。反道徳的行為（犯罪など）がなくならず、道徳に適った社会（安全で公正で誰もが幸福な社会）が実現しないのは、それを阻む構造的な問題（資本主義システムなど）を社会が抱えているからである。よき社会の実現のためには、何よりも集団の力を結集してその構造を変革することが必要なのだ。にもかかわらずリベラリズム道徳は、自己の心や内面（意志・心構え・自覚など）ばかりに目を向けさせ、各個人が自己の心をコントロールすればよき社会が実現するかのような幻想を振りまき、結果的に社会の中の本質的な問題から目を逸らす働きをしている。しかも、リベラリズム道徳が人間の欲望を利己的なものと見なして否定するとき、社会の問題構造に抵抗しようとする行動（デモなど）までも、公益を損なう「迷惑」や「自分勝手」として排除しようとする。この点でその道徳は、人間、特に虐げられた人間に対する支配や抑圧の道具として機能している。

第5項　多様な道徳を理解し、よりよき道徳を探究するための道徳教育へ

「自然の道徳」と「人間の道徳」という区別に加えて、「人間の道徳」の近代版にも多様な姿形があるとき、学校の道徳教育はそれらをどのように扱えばよいだろうか。その問いに答える前に、議論の前提として以下の2点を指摘しておかなければならない。

第一に、「自然の道徳」だけでなく「人間の道徳」もまた、それを身につけるためには日々の生活や実践の場面における模倣と習熟が欠かせない。言葉による教えはその過程でせいぜい補助的役割を果たすだけであり、道徳の授業だ

けで道徳を習得させようとしても原理的に無理なのである。道徳の習得に関しては、学校の教育活動や生活全体を通じてなされる道徳教育こそが基本になるのである。

　第二に、国民国家における学校の道徳教育は、多様な地域・社会の文化的・宗教的伝統や背景をもった人びとを「国民」として統合し育成する役割を担わされてきた。そのことを踏まえると、今日の学校で扱う「人間の道徳」は、「平和で民主的な国家及び社会の形成者」としての主権者（教育基本法第1条）を育てるための公教育という観点から選択される必要がある。たとえ限界を抱えているとしても、人権思想をはじめとするリベラリズム道徳が道徳的価値の基軸になるということだ。さらに、「自然の道徳」を再構成したものとしてのケアの倫理や共同体道徳もまた、生物学的な普遍性に根差した道徳として、学校で考慮せざるをえない。

　ところが、これらの道徳は、人間の文化の多様性を反映しているために、相互に葛藤あるいは対立することがある。まず、前項で確認したリベラリズム道徳 vs. 共同体道徳・ケアの倫理という対立。これは近代西洋由来の道徳 vs. 近代以前から継承されている（洋の東西を問わない）道徳という対立を反映している。簡単に言えば、抽象的で相互に交換可能な存在としての「個人」や「国民」に立脚する道徳と、唯一無二の存在である一人ひとりの人間や個々の具体的な共同体に立脚する道徳との対立である。同様に、リベラリズム道徳・共同体道徳 vs. ケアの倫理という対立もある。前者は社会や集団に立脚した道徳であるのに対して、後者は人と人の二者関係に根差す道徳だからである。さらに、共同体道徳 vs. リベラリズム道徳・ケアの倫理という対立も想定できる。前者は共同体ごとにその内容が違いうるが、後者は文化や社会の違いを超えるものとして位置づけられているからである。

　こうしてみると、いずれの道徳も重要な役割を果たしうる反面で、それぞれ欠損を抱えている。その欠損が別の道徳によって補われずに欠陥として現れるとき、それぞれの道徳は偏狭で独善的なものへと変質する。

　（a）リベラリズム道徳は、ルールや原則をあらゆる人に等しく適用することで、自由を尊重しつつ恣意や放埒を排除し、公正や安全を確保しようとする。

しかし、ケアの倫理、すなわち他者への応答責任や複雑な事情への配慮が欠けると、人を苦しめるルールさえも正当と見なしたり、ルールでは対処できない問題には目を向けなくなったりする。まじめな政治家や官僚・役人が、数値や手続きや慣例ばかりにこだわって、人の気持ちに寄り添っていないと批判されるときが、たとえばそうである。

　（b）とはいえケアの倫理にも限界がある。他者の他者性を尊重し、他者の声や物語に耳を傾けようとする応答責任の倫理だけでは、実効ある対応になりにくい。また、ケアが配慮や世話として理解され、ケアの倫理が「女性の倫理」として位置づけられるとき、倫理的に大切な任務という口実で養育や介護の仕事が女性に押しつけられ、家族に不当に束縛されて女性の社会参加が妨げられたり、養育や介護の仕事が社会的に低く評価されたりすることになりかねない。このような弊害を克服するためには、男女間の形式的な平等を説くリベラリズム道徳が大きな威力を発揮する。

　（c）共同体道徳の限界についてはわかりやすいかもしれない。共同体道徳は、歴史の風雪に耐えて受け継がれ、生活の中で自然に身につく規範や徳である。そのためそれに従うのは「当たり前」と感じられ、生活の外側から命じられる規範とは異なって「生きて働く」。それはまた、共同体の共通善を指し示すことによって、共同体の人びととの連帯や協働を支え、共同責任を可能にする。だが、共同体道徳同士は齟齬をきたすことが少なくない。たとえば「食べ残しをするな」と説く日本人と「出された食べ物は少し残せ」と説く中国人の対立、「年長者や目上の人の意見に口を差し挟むのをよしとしない」日本人と「誰に対しても自分の意見を率直に口にすることをよしとする」欧米人の対立、等々。そこから文化摩擦が生じ、他者排除やヘイトクライムが引き起こされることもある。あるいは、共同体道徳が硬直したものであるとき、それに異を唱える個人が理不尽な制裁を受けることもある。共同体道徳は最も実効性の高い規範であるが、ある意味では偏見の塊でもある。他者の声に耳を傾けるケアの倫理や、個人の自由を尊重するリベラリズム道徳によって"解毒"されないと、容易に排除の暴力に転化するのである。

　このようなわけで、これまで取り上げた道徳はいずれも固有の意義と限界、

利点と弱点を抱えている。利点が際立ち弱点が抑えられるときは大きな効力を発揮して人びとに希望を与えるが、その逆だと暴力に転じて、人びとに厄災をもたらす。道徳は薬のように効能と副作用の両方を持つのであり、状況や場に応じた用法と用量こそが死活を制するのである。

　このことを踏まえれば、学校における道徳授業が目指すべきことはおのずと浮き彫りになる。第一に、道徳をありがたく押し戴く姿勢――道徳が暴力に転じた場合、自分はよいことをしているという確信・善意は事態をさらに悪化させる――を断ち切り、道徳の多様性を見据えつつ、それぞれの道徳の意義と限界について理解を深めること。第二に、それぞれの道徳の強みを活かし弱みを抑えられるよう、多様な道徳をうまく組み合わせてよりよき道徳を探究すること。これらの理解や探究は具体的な状況を考慮することなしには難しいことを考えると、学校での学びもまた具体的な事例に沿ってなされる必要がある。道徳科では、「考え、議論する道徳」への転換が図られ、「多面的・多角的に考え」る道徳が求められている。これら二つの試みのための舞台は整いつつあると言ってよい。

　さてここで、道徳科導入の発端ともなり、冒頭でも述べたいじめ問題に立ち返ってみよう。いじめをなくすためにはどのような教育が必要になるのか。これまで述べたことを踏まえれば、考えるポイントは以下のような点にある。

　リベラリズム道徳は「いじめは断固許さない」というルールを立て、それを盾にいじめた者をきびしく非難し処罰しようとする。しかしそのような姿勢はいじめられた側には心強いかもしれないが、いじめた側が抱える問題には迫れないために一時しのぎで終わり、いじめがくりかえされる可能性がある。それどころか、いじめる者といじめられる者が容易に入れ替わる空間では、いじめる人間を排除しようとする姿勢は、(別の場面における)いじめられた者へのさらなるいじめという様相を帯びかねない。

　一方、ケアの倫理は、いじめられた者へのケアはもちろんのこと、いじめた側へのケアも行う。すなわち、いじめた者の声に耳を傾けて、その者が抱えているいらだち・不安や自己否定の感情に寄り添うとともに、自らそれらの正体を冷静に見つめ、対象化できるように促す。それと同時に、他者の声に耳を傾

けようとする姿勢を欠いた学校や教室の人間関係はいじめを誘発しやすいことを踏まえて、学校や教室が応答責任や配慮の関係に満ちた場になるよう授業や生活の改善を試み、より本質的な問題解決を目指す。

　さらに、人びとの中にいじめを仕方がないものとして容認する気風があり、それがいじめがくりかえされる土壌になっている可能性もある。そのときは、リベラリズム道徳とケアの倫理の美点をうまく組み合わせながら、「いじめをしないのが当たり前」と思えるように共同体道徳を変容させていくことが必要になる。くわえて、前項（４）のイデオロギー批判の視点を考慮に入れると、いじめを誘発する構造、すなわち社会の中で広がりつつある他者排除の構造（第４章第３節を参照）にも向き合う必要がある。他者がいらだつ存在に感じられたり、いらだつ存在へと追い込まれたりしていく構造について批判的に考えてみることである。

　これらのことを道徳科で学べばすぐにいじめがなくなるというわけではない。授業のあり方を変えるだけでも一定の効果はあるだろうが、あくまでもいじめのない学校や社会にするために何が必要かを理解するだけである。しかしながら、このような理解を欠いたところでは、どれほど熱心にいじめ対策を試みても、問題は解決しないであろう。むしろ無力感だけが残り、事態が悪化していく可能性さえある。このような弊害を回避し、問題解決の手がかりを得るためにこそ、「道徳とは何か」を問う思想は道徳教育の構想と実践に必要不可欠なのである。

〈注〉
（１）金沢市教育委員会が2016年10月に行ったいじめに関するアンケート調査（小学生23,318人、中学生11,444人、高校生713人が対象）によれば、「いじめられる人も悪いところがある」との設問に、「そう思う」と答えた小学生は全体の29.1％、中学生はそれより多くて35.5％であった。また「そう思わない」と答えた者は、小学生で34.1％、中学生では18％と半数近くまで減っていた（「いじめ　『被害者も悪い』小中３割　金沢市教委アンケート」『毎日新聞』2017年１月26日）。

（２）詳細は、松下良平「道徳科構成原理論Ver1.0」『教育哲学研究』（第112号、2015年）を参照のこと。
（３）F．ドゥ・ヴァール（柴田裕之訳）『道徳性の起源——ボノボが教えてくれること——』紀伊國屋書店、2014年、F．ドゥ・ヴァール（柴田裕之訳）『共感の時代へ——動物行動学が教えてくれること——』紀伊國屋書店、2010年。
（４）K．ヤスパース（重田英世訳）『歴史の起源と目標（ヤスパース選集９）』理想社、1964年。
（５）マッキンタイア（Alasdair MacIntyre）、テイラー（Charles M. Taylor）、サンデル（Michael J. Sandel）らに代表される考え方。たとえば、A．マッキンタイア『美徳なき時代』（みすず書房、1993年）を参照。
（６）日本では、共同体道徳としての国民道徳を称揚することを通じて、"自由や人権の行きすぎ"が説かれることがある。だが国民道徳とは、近代国家日本の成立に伴い人工的に創出された「伝統」に基づく道徳にほかならない（たとえば教育勅語）。しかも国民道徳の教育は、「教学聖旨」以来、「まつろわぬ民」（政府に従わない民衆）への恐れに根差していることが少なくない。そのためそこでは、自由や権利に対して日本の伝統道徳の尊重を説きながら、平気でネオリベラリズムを支持するといった倒錯がよく起こる。ここで言う共同体主義や共同体道徳と、近代国家という境界面で屈折したその日本型変種とは厳格に区別しておく必要がある。
（７）メイヤロフ（Milton Mayeroff）、ギリガン（Carol Gilligan）、ノディングズ（Nel Noddings）らに代表される考え方。たとえば、C．ギリガン（岩男寿美子監訳）『もうひとつの声——男女の道徳観のちがいと女性のアイデンティティ——』（川島書店、1986年）、N．ノディングズ（立山善康ほか訳）『ケアリング——倫理と道徳の教育 女性の観点から——』（晃洋書房、1997年）、等々。
（８）松下良平『道徳の伝達——モダンとポストモダンを超えて——』日本図書センター、2004年、8.2。

〈推薦図書〉

エミール・デュルケム（麻生誠・山村健訳）『道徳教育論』講談社学術文庫、2010年。

ネル・ノディングズ（佐藤学監訳）『学校におけるケアの挑戦——もう一つの教育を求めて——』ゆみる出版、2007年。

永野重史（編）『道徳性の発達と教育——コールバーグ理論の展開——』新曜社、1985年。

フリードリッヒ・ニーチェ（信太正三訳）『善悪の彼岸 道徳の系譜』ちくま学芸文庫、1993年。

第2節　日本の思想を中心に

はじめに——「道徳」の思想を概念の歴史に見る

　あなたが教員免許状を取得して、学校を活躍の舞台として晴れて教育の営みに携わることになったとする。初めて教壇に立つとき、自信に満ちあふれて児童生徒に対面できる人はそう多くはない。程度の差はあるだろうが、だれもがみな戸惑いながら教師としての第一歩を踏み出すことになる。

　教職に就いたときの戸惑いは、初めて道徳の教育にかかわる際にも感じられるかもしれない。道徳教育に特有の困惑の理由は何なのか。さまざまな回答が考えられるだろう。道徳の教育に携わろうとする者は、自らの道徳性への問いを突きつけられる。「私は道徳を教える資格があるのか」とあなたは自問し、不安やためらいを覚えるかもしれない。あるいは、道徳の授業についてあまり覚えていないという自らの学校体験から[1]、いざ自分が授業を担当する際に具体的なイメージが湧きにくいという場合もあるだろう。

　道徳教育に対する漠とした戸惑いの理由として、そもそも「道徳教育」というものがわからない、ということも考えられる。とりわけ「道徳」と「教育」とがどのように結びついているのかがわからない、という疑問が心のうちに浮かび上がっては消え、消えかかっては浮かび上がる。この問いに対する答えは、あなたの意識や記憶を分解してみても得られそうもない。「道徳教育」はいったいどこからやってきたか[2]。

　日本における道徳教育の歴史に関する説明は第3章に委ねるとしよう。ここではそのいわば準備作業として、「道徳」が「教育」へと接近していく過程を辿る視点と方途について考えてみたい。この場合、「道徳」だけを眺めていては答えを得ることは難しい。「宗教」、「倫理（学）」、「政治」、そして「教育」などとのかかわりにおいて新たに誕生しつつあった日本語の意味世界の中に「道徳」がどのような位置価をもってそこに立ち現れてきたか。このことを論じるための重要な手がかりを、いくつかの先行研究のうちに見出すことができる。そのような研究は、「道徳の本質とは何か」と問う代わりに、「「道徳」と

第1章　道徳の思想と道徳教育

呼ばれるものがいかにして形成されてきたか」を問うための視点と方途を示唆してくれている。一言で言えば、その視点とは伝統的な「教」の分化と再統合であり、その方途とは「道徳」にかかわる概念の歴史に関する考察である[3]。

第1項　広大な「教」の意味世界

今日、私たちは、道徳、宗教、政治、また教育などをそれぞれ別の領域として分けることに、少なくとも分けて考えようとすることに慣れている。だが、先行研究が示唆するところによれば、かつてそのことは自明とは言えなかった。宗教学者の磯前順一は、現在分割して理解されるそれらの諸領域が近代化する以前の日本では広義の「教」のうちに含まれていたことを強調し、そうした時代の考察者である津田左右吉(そうきち)がそのことを見抜いていたとして、以下のような彼の文章を引用している。

> 「教」をとくことがばあいによつてまちまちになつてゐるのは、或は道徳的意義を強調せんとし、或はいくらかの宗教的意義を含んでゐる神ながらの道を張揚せんとし、また或は政治的要求を表面に立てようとするやうに、いろいろの思想傾向が政府者のあいだにあつたからでもあらうし、思想の違う事務官や献策者の種々の意見が今号して文書に現はれてゐる故でもあらうし、根本的には政といひ祭といひ教という概念が明らかになつてゐなかつたためにでもあらう[4]。

「教」の中に「道徳」、「宗教」、「政治」などが渾然(こんぜん)としていた思想の持ち主として磯前が挙げるのは、たとえば西周である。彼は「教」と「政」を区別する中で、「教は内に存する心に則を示すもの」と規定したが、「教えという範疇の中では宗教的なものと倫理的なものの弁別をしていなかった」[5]。また、福沢諭吉の「徳教」という言葉にも同様に今日では分離されているもの―道徳と宗教―の混淆(こんこう)が看取できるとされる。

「教育」もまた、伝統的にはこの「教」とともにあった。教育史研究の成果にもとづいて広田照幸があらためて強調しているところによれば[6]、「教育」という言葉は江戸中期に登場したが、江戸時代の初期に流布していたのは、「教化」であったという。「教化」は、仏教用語の「けうげ」としては聖者の修養

21

による感化・善導を意味し、また儒教語としての「けうくわ」としては治者の修養による感化・善導のことを指した。「天保以後になると「教化」は使用頻度が減少し、一般の教化を指す語は「教諭」、学校における教化活動は「教育」というふうに「教諭」と「教育」が対立して用いられるようになっていった」[7]。「教」は、その内容のみならず、（自己や他者に対する幅広い）人間形成の方法の問題をも含み込んでいた。

今日、「教」と聞けば、一般には「教育」をイメージすることが多いのではないだろうか。だが、以上のような立論にもとづいて言えば、かつて「教」は、「教育」的要素が「道徳」、「宗教」、「政治」などと緩やかに連なる文化領域をなしていた。そうしてみれば、現代において基本的に区別されている「教」育と宗「教」とが、「教」の文字を共有しているという現象は、かつての広大かつ多様な「教」のいわば名残のように見えなくもない[8]。

第2項 「教」の分化──「宗教」と「倫理（道徳）」

一般に、「倫理」「宗教」「政治」「教育」などの言葉を、今日の私たちはその意味を問うことなく日常語として用いている。そのような語は、西欧語（英語を例にして言えば、ethics, religion, politics, education）の翻訳を通して、競合する諸々の訳語との混在の時期を経て次第に定着していった。重要と考えられるのは、翻訳を通じてもたらされたそのような意味世界の変容とともに、「教」に融合していたかに見える各要素が当時の社会において分化していく状況があったと指摘されていることである。

「道徳」に関心を寄せる私たちにとってまず注目されるのは、「宗教」と「倫理（道徳）」の分化である。先述の磯前によれば、明治初期の日本では宗教的なものと倫理的なものの区別は、語彙的に言えば、それほど明確なものではなかった。「教」の未分化な状況は、1872（明治5）年に設置された教部省（宗教の統制による国民形成を目的とした政府機関）の政策にも看取できる。そこで宣布された「大教」「本教」は、「宗教的なものから倫理的なものにわたるもの」[9]であり、神や死後の問題のみならず政治的秩序や家族道徳をもその内容に含むものであった。

明治10年代後半から20年にかけての時期に「教」が分解していったと磯前は言う。教部省廃止（1877（明治10）年）および教導職廃止（1884（明治17）年）による「日本なりの政教分離」が進行する中で、啓蒙思想家たちの中に「宗教」的なものと「倫理（道徳）」的なものを区別しようとする傾向が認められるようになる。たとえば、明六社の同人の一人であった西村茂樹（1826-1902）は、彼の主著とされる『日本道徳論』（1886年）において、「一を世教と云ひ、一を世外教（又は之を宗教といふ）と言ふ」[10]と述べて、一つの「教」を二つの「教」として、すなわち、現世のことを説く倫理的なもの（世教）と「未来の応報と死後魂魄の帰する所」を説く宗教的なもの（世外教）とを概念として区別しようとした。

　「宗教」と「倫理（道徳）」はたんに区別されただけではなかった。磯前によれば、それまで「教」として一括されていたものが、個人的自由の裁量に委ねられる「宗教」という私的領域と、国家的義務として課せられる「道徳」という公的領域へと、あらたに二分割されたうえで、私的領域としての「宗教」を公的領域としての「道徳」や「倫理」の下位に置くという事態が生じた[11]。1891（明治24）年の内村鑑三不敬事件は、そのことを明瞭に示すことになる出来事であった。当時、東京の第一高等中学校における嘱託教諭であった内村が、自らのキリスト教信仰に基づいて「教育勅語」の奉戴・奉読式で勅語への最敬礼を行わなかったことが、社会問題へと発展していった。そのことを通じて、国家が最重要とされる体制の中に個人が置かれていることが知らしめられることとなった。

　内村不敬事件においては、学校を舞台として「教育勅語」との関わりで本件が生じたことに、既に「宗教」と「倫理（道徳）」の分化という問題と「教育」の問題との接続が見え隠れしている。「倫理的なものと宗教的なものが渾然とした伝統的な教の観念が分化」[12]し、「西洋的な国民国家の形成にむかって日本社会も本格的に動きはじめた」とき、「教育」はそこにどのようにかかわっていったのか。このことについては、後で再び言及することにしよう。

第3項 「倫理」の「道徳」化――意味の淀みから生じたこと

ところで、本節ではこれまでのところ、「倫理」と「道徳」を明確に区別することなく、ほぼ同義のものとして扱ってきた。一般には「倫理」は "ethics"、「道徳」は "moral" に対応すると見なされることが多い。とはいえ、「倫理」と「道徳」は、今日においても互換可能な語として用いられることが少なくない。明治期であれば、そのことはなおさらで、"ethics" の訳語として「倫理（学）」とするものがあれば、「道徳（学）」や「修身（学）」とするものもあった。

「倫理」と「道徳」の間に横たわる曖昧な討議空間でいったい何が生じたのか。このことを究明しようとした子安宣邦の考察は興味深い。彼は、「エシックス」としての「倫理（学）」が辿った数奇な運命を辿ることによって、この問題に接近しようとしている。私たちにとって重要と考えられる五つのポイントを挙げてこう。

（1）学問としての「倫理」

子安によれば、「倫理」という語はすでに儒家的思想伝統のうちにあったが[13]、明治期に入る頃にはすでに廃語となっていた。だが、この語は、近代の曙とともに西洋の「エシックス」に当たる言葉として再生・転用されて使われるようになり、「基本的には新たに構成された語彙」[14]としての意味を帯びることになる。この新たな「倫理」は、まずは近代学問の形成と不可分のものであった。子安は、近代日本の「アカデミズムにおける講壇哲学の日本語による最初の語り手」[15]として、東京帝国大学哲学科における日本人最初の哲学教授であった井上哲治郎（1855-1944）の名を挙げている。井上がなそうとしたことを、子安は西洋の「エシックス」に基づいて「倫理」に関する学術言説を近代日本のうちに再編成し、学術制度のうちにそれを位置づけることにあったとしている。

（2）「倫理（学）」の抽象性

近代日本黎明期におけるこの新たな「倫理（学）」は、「現実の社会に生起す

る倫理的、道徳的諸問題を……引き受け、それへの応答を通じてみずからの学的あり方をも問いただそう」[16]とはしなかった。井上哲次郎にやや遅れて帝国大学哲学科を卒業した井上円了（1858-1919）もまた、「倫理（学）」の特徴をその思弁性と抽象性に見出しつつ、それゆえにその存在意義を認めようとした。彼は、「エシックス」の訳語としての「倫理学」を東洋（孔孟）由来の「修身」と区別して、「如何なる理由ありて仁義礼賛は人の道たる」[17]かを究明しない孔孟の「修身」の学は「仮定憶想」に過ぎないと批判しつつ、その一方で、「倫理学」はそれを超えて「善悪の標準、道徳の規則を論定」して行為の命法を規定するとした。

（3）日本「道徳」による「倫理（学）」批判

そのような「倫理（学）」の抽象性は「日本道徳」論者たちによって批判された[18]。「倫理（学）」は、「国家的要請に応えて国民の道徳的統合を可能にする教説を直ちに構成するような学的な性格をさしあたってはもっていない」[19]ものであり、人々の日常的生活へ作用することをとおして国家の秩序を生み出すような実践的な道徳の要請に直接に応えるものとは見なされなかった。

そのような批判者の代表格としてとりあげられるのは、西村茂樹である。彼は、1886（明治19）年、帝国大学で「日本道徳論」と題する講演を行った。西村の時代観察によれば、近代化とともに生じた儒教文化の廃棄によって道徳の根拠が失われつつあると見なされた。ひとたび失われた伝統的道徳の基盤に寄りかかることはできず、さりとて西洋由来の「倫理学」（西村の言葉では「西国の道徳学」）は「唯学士の嗜好」からなる抽象のうちにとどまるものである。西村は、東洋と西洋の道徳にかかわる諸説を折衷しつつ、また選別しつつ、新たな道徳基盤を構築することを推奨した。彼が目指したことは、「国民の道徳的な結集による国家の強固な確立という近代日本の国家的課題にしたがって人倫の道徳（儒道）を近代的論理と言語の（西国の哲学）とをもって再構築すること」[20]であったとされる。

(4)「倫理」の儒教的再構成

日本「道徳」に関する討議の場において、「倫理学そのものがこの国家的要請に応える形で再構成」[21] されるようになる。その兆候は、元田永孚（1818－1891）が「序文」を寄せた『日本道徳原論』（1888年）に確認される。近代国民国家形成のために西洋と東洋の折衷を求めた先述の西村とは異なって、元田らが目指したのは、儒教的基盤への回帰による国民（臣民）形成であった。『日本道徳原論』に見られる「倫理」は、「道徳」の対極に位置づけられた西洋の「エシックス」ではなく、儒教的な「倫理」概念である[22]。「倫理」はもはや「エシックス」という欧米の言語に割り振られた翻訳語としてではなく、「倫」という漢字をとおして東洋の意味世界へと遡及して「新たに儒教的概念として再定義」[23] されたものとして、「道徳」をめぐる討議の場に――「日本的（な）」という形容をともなって――登場するのである[24]。

第4項 「道徳」と「教育」の結合

伝統的な「教」が近代化の過程において「倫理（学）」、「宗教」、「政治」、そして「教育」などに分化していくとしても、「教育」はおそらく他の要素と横並びの関係にあるわけではない。「教育」は、他の要素と結びついて「〇〇教育」というジャンルを形成し、それと関連する知識の付与や能力の涵養という役割を託されることがある。明治20年前後を中心に展開したいわゆる「徳育論争」は、「〇〇」の部分への「道徳」の組み込み方をめぐるさまざまな立場からの主義・主張の衝突であったと言えるだろう[25]。

道徳をめぐるそのような論争は、大日本帝国憲法公布の翌年、1890（明治23）年に「教育勅語」が渙発されたことで制度上の決着を見ることになった。その翌年からは、小学校修身教科用図書検定基準が定められ、それまで口述で行うことが基本となっていた修身科においても教科書を使用して授業を行うことが要求されるようになった。このことは、「〇〇教育」における「〇〇」部分に「道徳」が本格的に挿入されたことを意味している。そればかりか、「教育勅語」は、教育そのものの性質をも大きく左右し、「単なる『徳育の標準』をこえて、教育全般を規制する理念として機能」[26] するとともに、「『国民道徳

第1章　道徳の思想と道徳教育

の形成を国家的な必須の教育的課題として学校教育体系に与えていく」[27]ことになった。

　学問の世界もまたこうした時代の変化に対応することになる。「教育勅語」の渙発後、井上哲次郎はその注釈書の執筆の委嘱を受けて、国家公定の解説者として『勅語衍義』を1891（明治24年）年に公にした。かつて日本におけるアカデミックな「倫理学」を立ち上げた人物が「道徳」を確立していく役割をも担うことになったのである。学問が「道徳」を正当化し、そして「道徳」が学問を実践化するような循環の軸となったのは、ほかならぬ「教育」であった[28]。

　ところで、分化する「教」の再結合において、「宗教」はどのように位置づいていったのか。先述の磯前は、すでに見たように、私的領域としての「宗教」が公的領域としての「道徳」の下位に置かれるようになったことを前提としつつ「日本的な政教分離」にもとづく国民教育の基本枠組みが成立していったと考えた。だが、このことには但し書きが付されている。

　磯前は、「宗教」に統一される以前のレリジョンの訳語には二つの系統があったことを指摘している。一つは「宗旨」や「宗門」のようにプラクティス（非言語的な慣習行為や儀礼）を重視する系統であり、もう一つは「教法」や「宗教」のようにビリーフ（概念化された信念体系や狭義）を重視する系統である。磯前によれば、幕末から明治初期にかけて、近世の宗教制度と密接に結びついていた前者が優勢であったのだが、「ビリーフ系の宗教という言葉が、それまで優勢であった宗旨・宗門などプラクティス系のものを凌ぐにいたる逆転現象が起こった」[29]のだという。

　以上のことと関連させて、磯前が言及しているのは、「教」と「道」の区別についてである。「神道」や「仏教」「基督教」といった現代でも使用している名称が定着したのは、1972（明治15）年から明治22年（帝国憲法発布の年）あたりであったという。それまで神道は「神教」と、仏教は「仏道」「仏法」などと言い換えられることもあったが、宗教の範疇に属すると見なされるものは、その語尾を宗教にならって「教」にそろえ、道徳に属するものは神道のように「道」という言葉に固定されるようになった、というのである。磯前によれば、「ビリーフ中心的な宗教概念が神道のプラクティス的性質に合致しないことを

逆手にとって、政府はあえて神社神道を西洋的な宗教概念の埒外(らちがい)に置こうとした」(振り仮名は筆者)(30)とされる。そして、次のように結論づけられる。「この分割線を前提にして、天皇制にかかわるイデオロギーは道徳の領域に属するものとされ、天皇家の祖先をまつる神社神道も道徳へと非宗教化されてゆく」(31)のだと。

　ここにはなお、「道」の概念史が追究されるべき課題として横たわっている。「道」は、磯前がそう論じているように、イデオロギー批判的な考察の中で「道徳」の危うい要素と見なされる。だが、同時に、「道」は自己形成の伝統的な文化を捉える概念としての側面を有してきたのではなかったか。そこには、近代教育学が永らく価値を置いてきた自律性の養成、あるいは環境や他者と折り合う自己の技法に繋(つな)がる要素が含まれており、だからこそ「教養」や「陶冶」や「形成」の意義をめぐる問題圏にしばしば「道」が結びつけられて語られてきたのではなかったか(32)。「道」徳と「(学校)教育」との接近という事態は、一見したところよりもはるかに複雑である。「道」概念に関するさらなる考察が待たれる。

おわりに

　道徳教育が、私のことを考え、他者のことを考え、また社会と人間(人と人との〈あいだ〉)のことを考え、またそうした熟考を自分の生活に結びつけることへと子どもたちを誘(いざな)うことを意味するとすれば、そのような教育が重要であるとの主張には多くの人が賛同するだろう。他の教科や活動にかかわる知識や技能の習得とは異なる可能性がそこにあるはずだと。道徳の授業が「子どもの人間形成」や学校における「人間関係づくり」に役立っている、と感じる現役教師たちが多いことを示す調査もある(33)。

　本節では、現代の学校教育における道徳教育の意義を問うのとは別のまなざしによって、その由来を眺めてみることの可能性を考えてみた。一般に、歴史に登場する人物を主役と見みなしつつ、時代文脈のうえにそうした人物の活動や言論を解釈することが試みられることが多い。ここでは、人物というよりは、言葉や概念を歴史の主役と見なしたうえでその変遷を眺めることによって思想

第1章　道徳の思想と道徳教育

の変化を観察しようとする研究者たちの成果に注目してみた。

　歴史の表舞台において道徳教育の方向づけをめぐって〈東洋〉と〈西洋〉の対決であるかのような議論が展開したとき、それと同時に密やかに生じていたことは何であったのか。言葉や概念の変容過程に関する研究が示唆していたのは、伝統的な「教」の分化と再統合の物語であった。その物語に包含されている「道徳教育」の物語は、以下のとおりである。伝統的な「教」は、一方で（ビリーフ中心の）宗「教」に、他方で（プラクティス中心の）「道」徳に分割された。そのうえで、「道」徳は「教」育とより強固に結びつけられ、再び広い意味での「教」が再構成されようとした。この新たな「教」は、（倫理学という）学問に支えられ、また宗教と非宗教の間に生じる淀みとも接し、そして、その全体の構造を（それがどの程度機能したかということについてはあらためて問わねばならないとしても）政治が設計しようとしていた、と。

　「道徳」と「教育」の結合は、一方において、近代化によって分解されたかに見える「教」の包括性への郷愁と称揚をもたらし、他方において、「教」の分化と統合によって全体秩序を形成するための心情のコントロールがなされることへの危惧を呼び起こす。「道徳」と「教育」の繋がりは、歴史の中で変容を見せながら、たえずそのようなアンビバレンスの中にあるように見える。

　戦前・戦中における「道徳」と「教育」の結びつきへの反省から、第二次世界大戦後には、道徳に関する教育の理論と実践に新たな展開が見られた（第3章を参照）。そうした試みは、近代化以降の新たな「教」の分化と再統合の延長線上に位置づけられるのだろうか。それとも、戦後の道徳教育はそれまでのものとは異質なものと見なされるのだろうか。道徳教育を意識的にどう定義し直すかという問題とは別に、道徳「教」育が辿った歴史の蓄積による文化の無意識のようなものが残存しうると想定したうえで、今日の道徳教育を構想するためにもそのことを念頭に置いて省察を試みるべきかどうか。今日における道徳の教科化は、概念史研究が差し出している問題視角をどのように受け止めるのか。

〈注〉
（1）以下を参照。東京学芸大学「総合的道徳教育プログラム」推進プロジェクト企画ミーティング『過去の道徳授業の印象に関する調査——教職科目「道徳の指導法」の受講学生を対象として——』（結果報告書）、2014年。
（2）本節では近代日本の道徳に関わる言葉や概念の変遷を眺めることでその由来を考えてみる。そのような方向での考察の有効性を示唆している論文として、以下を参照。西悠哉「「ethics」概念の受容と展開——倫理教科書を中心として」『佛教大学大学院紀要　文学研究科篇』第38号、2010年、39-56頁。なお、「道徳教育」の由来について考察する方法は一様ではない。たとえば、近世の思想的伝統を論じた研究のうちに「道徳」と「教育」にかかわる文化の歴史を辿ることも可能であろう。本節で扱うことはできないが、そのような方向での考察を示唆するものとして以下の文献を挙げておきたい。安丸良夫『日本の近代化と民衆思想』青木書店、1974年。
（3）ある言葉や概念が誕生し、そして流布することによって、私たちの認識のあり方や意味世界の構造が変化し、また価値観が変容する。さらに、そのような変化に付随して、社会の仕組みが考案され、また実生活に影響を与えるほどにその仕組みが確立するということが生じうる。本節は、そのような意味世界と社会の仕組みとの関連性を想定しつつ「道徳教育」誕生を物語るための一つのスケッチである。
（4）津田左右吉「維新政府の宣伝政策」『津田左右吉全集』第8巻、岩波書店、1958年、316頁。磯前順一『近代日本の宗教言説とその系譜』岩波書店、2003年からの再引用。
（5）磯前、同上書、41頁。
（6）広田照幸『教育言説の歴史社会学』名古屋大学出版会、2001年。石川謙『近世日本社会教育史の研究』青史社、1985年。
（7）広田、同上書、30頁。
（8）次の指摘を参照。「今日でも、教という言葉は宗「教」および「教」育として、宗教的なものと倫理的なものの両方の文脈でもちいられており、そこからも教という言葉のもつ両義的な意味をみてとることができる」（磯前、前掲書、42-43頁）。
（9）磯前、同上書、42頁。
（10）西村茂樹『日本道徳論』岩波書店、1935年（初出は1886年）、9-10頁。磯前、同上書からの再引用。
（11）磯前、同上書、48頁。「宗教」が公的領域としての「倫理」や「道徳」の下位に置かれていたことは、信教の自由を保障する大日本帝国憲法28条「安寧秩序ヲ妨ケス及臣民タルノ義務ニ背カサル限ニ於テ信教ノ自由ヲ有ス」にも反映していると磯前は述べている。

(12) 磯前、同上書、49頁。
(13) 子安宣邦『漢字論　不可避の他者』岩波書店、2003年、103頁。
(14) 子安、同上書、104頁。
(15) 子安、同上書、105頁。
(16) 子安、同上書、113頁。
(17) 子安、同上書、111頁からの再引用。
(18) 「日本の近代概念「倫理学」がその成立から負っているこの抽象性を衝きながら、「日本道徳」の国民的な形成の主張が「倫理学」の成立とほぼ同時に起こってくるのはけだし当然の成り行きである」（子安、同上書、113-114頁）。
(19) 子安、同上書、117頁。
(20) 子安、同上書、116頁。
(21) 子安、同上書、117頁。
(22) 子安は、『日本道徳原論』の講述者である野中準が「倫」の字義に基づきつつ、「倫理」を「人間社会に、各、組合字次第を立て、相和み親み、相保ち合うべき、道を謂ふなり」と説明していることに注意を向けている（子安、同上書、119頁）。
(23) 子安、同上書、120頁。
(24) そのような問題視角からは、後の哲学者で『人間の学としての倫理学』（1934年）の著者として名高い和辻哲郎（1889－1960）が「倫理学（エシックス）」に対抗する「倫理学」を再構成した人物として位置づけられていく（子安、同上書、135-140頁）。ちなみに、道徳教育の研究者である貝塚茂樹は、「倫理」と「道徳」の隣接性を指摘したうえで、「倫理が人と人の間柄の正しい道筋という原理的な意味を持つのに対して、道徳は内面で実践的な内容を含んでいることで区別できる」（貝塚茂樹『道徳教育の教科書』学術出版会、2015年（初版は2009年）、17頁）として両者の相違を説明しようとしている。現代におけるそのような「倫理」と「道徳」の近さと遠さについての理解もまた、近代日本における両概念の歴史的由来とおそらく無縁ではない。
(25) 「徳育論争」の発端については論者によってさまざまな見解があるが、明治12（1879）年、元田永孚の起草による「教学聖旨」において儒教道徳を基本とした教育が重要であると主張されたことから説明されることが多い。同年9月、伊藤博文は、「教学聖旨」を批判して「教育儀」を作成して元田の考え方を批判したが、それに対して元田は「教育儀附議」によって反批判を展開した。その後も多くの論者が自説を展開する時期が続いた。以下を参照。貝塚茂樹監修『徳育論争と修身教育』（『文献資料集成　日本道徳教育論争史』第Ⅰ期第1巻）、日本図書センター、2012年。なお、「倫理」と「道徳」という言葉がこうした論争の中でどのように用いられていたかを検討することは重要

であろう。林子博(「森文政期における「倫理」と「道徳」のあいだ」『教育学研究』第80巻第4号、2013年、491-502頁)は、1888年に文部省が刊行した倫理教科書『倫理書』の編纂経緯をたどりつつ、教育の領域における「倫理」と「道徳」との関係性を解明しようと試みており興味深い。
(26) 久木幸男「徳育論争」久木幸男他編『日本教育論争史録』第1巻(近代編(上))、第一法規出版、1980年、72頁。
(27) 子安、前掲書、118頁。
(28) 学問と教育の接合部分に位置していたのは師範教育であった。「明治における「倫理学」の導入は何よりも近代日本の教育体系、なかんずく師範科教育体系における基幹科目として導入された。初期の倫理学関係書はほとんど師範学校等における教科書として書かれたものである。ここには近代国家形成期の国民教育的政策意図がはっきりとしている」(子安、同上書、209頁)。
(29) 磯前、前掲書、36頁。
(30) 磯前、同上書、53頁。
(31) 磯前、同上書、52頁。
(32) 魚住孝至『道を極める——日本人の心の歴史——』放送大学出版会、2016年。「道」の両義性を示唆するものとして、同上書に対する西平直の書評(実存思想協会編『実存思想論集』第32号、2017年)を参照。なお、「陶冶」や「形成」の概念史については以下を参照。山名淳「『陶冶』と「人間形成」——ビルドゥング(Bildung)をめぐる教育学的な意味世界の構成——」小笠原道雄編『教育哲学の課題——教育の知とは何か——啓蒙・革新・実践』福村出版、2015年、203-220頁。
(33) 東京学芸大学「総合的道徳教育プログラム」推進本部第1プロジェクト『道徳教育に関する小・中学校の教員を対象とした調査——道徳の時間への取組を中心として——』(結果報告書)、2012年。

〈推薦図書〉
江島顕一『日本道徳教育の歴史』ミネルヴァ書房、2016年。
貝塚茂樹監修『文献資料集成日本道徳論争史』全15巻、日本図書センター、2012-2015年。
辻本雅史『近世教育思想史の研究——日本における「公教育」思想の源流』思文閣出版、1990年。

第2章
道徳教育の可能性

第1節　道徳教育を支える理念を探る

　道徳教育を支える理念を探ろうとするとき、まずは次の2点が前提となる。①道徳は人間生活にとって必要である。②道徳を教育すること、つまり道徳教育は可能である。本節では①と②について確認したうえで、道徳教育を支える理念を探っていきたい。

　道徳は人間生活にとって必要である。このとき「道徳」はどのような意味で用いられているのだろう。既に第1章で述べられてきたように、道徳の定義や意味そして思想にもいろいろある。すぐに思い浮かぶのは、私たちが衣食住を中心に日常生活を送る中で不可欠な、いわゆるルールやマナーやモラルであろう。今日では規範や規範意識と呼ばれることもある。

　私たちは一人で生きているわけではない。確かに生まれてくるときは一人であり、死ぬときも一人である。だが一人自分だけの力で生まれてきたわけではない。私たちの父親と母親がいて今の私がここにいる。そして、ここまで育つにしても数えきれない人々の世話になって今がある。赤ん坊は一人では生きられない。幼児には助けが必要だ。親はもちろんのこと、私たちを育て教えてくれた様々な人たちの援助があって今の私がここにいる。その全ての働きかけを指して「教育」と名付けよう。養育もしつけも学校での教えもすべて含んだ教育がなかったら、もし教育されなかったら、そして学ぶことがなかったら、今ここに私たちはいない。他の動物とは著しく異なって、とくに人間の場合には教育が欠けてしまうと、この社会で生きていけなくなってしまう[1]。この「人

間」という言葉が示しているように、私たち「人」は他の人々との「間」で生活しているのであり(2)、この「あいだ」に人生を実らせる。この世に生まれ落ちた瞬間から人生を終えて死に至る瞬間まで、私たちが他の人々との間にある関わり—関係—から逃れることはできない(3)。

　人間が他の人間との関わりの中で生きる存在であることは、ここに何らかのルールやマナーやモラルが必要とされる根拠となる。とくに自分は親に頼んで産んでくれといって生まれてきたわけではない。産んだのは親の勝手だ。だから自分は好き勝手にする。もし、このように人間としての関わりを最初から無視したり否定したりしたら、その当人は世の中で生きていけないであろうし、そういう人々ばかりであったら人間社会も成り立たない。人は一人で生きているわけではないし、また生きられない。ここにルールやマナーやモラル、つまり道徳が必要とされる。もちろん法や法律も必要だ。極端に言えば、もしだれからの世話にもならず教育も必要としない完全な人間がいるとすれば、そこに道徳はいらない。ただし、それはもう人間ではない。

　他の人々と共に生活して社会を営む大人となるためには、まずは他者との関係を作り出す挨拶などの日常的なマナーやルール、それぞれの時代や社会で外的に「よい行い」として表現される習慣を、子どものときから徐々に身に付けなければならない。道徳と訳されるモラルとは、要するに望ましい「人間のあり方・生き方」であり、その人の行動となって現れ出てくるものである。それは日々の習慣として、当人の心身の一部となったハビトゥスである。習慣には、他人からも目に見えて分かる外的な振舞いや態度に止まらず、本人のみが知りうる内的な心の習慣も含まれるが、まずはルールやマナーやモラルなど外的な行為として「よい」とされる道徳を、私たちは習慣化する—身に付ける—必要がある。

　では、何が現代の日本で「よい」とされる道徳なのか。その内容は学習指導要領に一覧として明記されている(4)。A主として自分自身に関すること、B主として人との関わりに関すること、C主として集団や社会との関わりに関すること、D主として生命や自然、崇高なものとの関わりに関すること、という四つ視点から人間を関係存在として捉えている。

第2章　道徳教育の可能性

　日本の学校教育が準拠しなければならない学習指導要領を貫徹して、教育の目的は教育基本法第1条にある「人格の完成及び国民の育成」にあり、その基盤には道徳性がある[5]。学習指導要領「特別の教科　道徳編」を見れば、道徳教育を支える理念は日本では法的に根拠づけられていて、一つの人格や日本国民としての私たち一人ひとり、すなわち「人間」のベースには道徳性があり、これを育てることが学校教育の使命であるとされている。しかも道徳性を養う道徳教育は道徳科を「要」として、各教科はもちろんのこと「学校の教育活動全体を通じて行う」と規定されている。

　そこで、もうこのように①道徳は人間生活にとって必要不可欠であると肯定する時点で、②道徳教育の可能性は否定できなくなる。人間にとって道徳が必要であるのならば、それを教育することは可能であり、かつ可能であるはずだ。また学習指導要領によれば、道徳性を欠いては一個の人格としても国民としても成立困難となってしまう。もし人間にとって道徳が不要であるなら、すでに今ここに道徳や道徳性を欠いた人間社会が現前しているであろう。ところが世界中を見渡してみて現にルールにマナーやモラル、道徳さらに倫理のない世の中は見当たらない。どのような「悪人」の集団の中でさえ、その内部に――場合によってはふつうの世の中よりも厳しい――ルールやマナーやモラルは存在する。道徳の存在や原理を完全に否定して、ただ情念の赴くところに一人奔放に生きることを説く考えもなくはないが、思想実験としては興味深いものの、ふだんの日常生活からは乖離している[6]。道徳も教育もない人間社会を、もはや現代の私たちが想像できるであろうか。

　道徳教育が可能であって、また実際に道徳が教育されてきたから今の私たちがここにいる。学習指導要領については後に再び触れるとして、道徳教育を支える理念についてもう少し探ってみよう。やはり習慣の問題から始めるのが人間という生物にとっては自然である。その代表としてアリストテレスが第一に挙げられよう。

　道徳と類似した言葉として倫理も思い浮かぶが、これはアリストテレスが『ニコマコス倫理学』の中でも用いたエトス（$\varepsilon\theta o\varsigma$）に由来し、習慣や習慣づけという意味である。「もろもろの『状態（ヘクシス）』は、それに類似的な『活動（エネルゲイア）』から

生ずる。［中略］これらの『活動』のいかんによって、われわれの『状態』はこれに応じたものとなるのだからである。つとに年少のときから或る仕方に習慣づけられるか、あるいは他の仕方に習慣づけられるかということの差異は、僅少ではなくして絶大であり、むしろそれがすべてである」(7)。ここで状態とはヘクシス（ἕξις）であり、これがラテン語のハビトゥス（habitus）に、そして英語ではhabit、フランス語ではhabitude、ドイツ語ではGehabenと受け継がれる。つまり心身に保持された状態という意味あいである。私たち人間は幼少の頃から、意識的にも無意識的にも繰り返された活動の習慣や習慣づけ—エトス—の結果、ある状態としてのハビトゥスを第二の自然本性にしてしまう。つまり「習いは性」となる。ここからエトスはエチケットの語源ともなるエーティケーつまり倫理的なものへ展開していく、とアリストテレスは続ける。「倫理的卓越性は習慣づけに基づいて生ずる。『習慣』『習慣づけ』（エトス）という言葉から少しく転化した倫理的（エーティケー＝エートス的）という名称を得ている所以である」(8)。この倫理的という箇所は、英訳されるとcharacterすなわち人柄や性格となる。要するに、人それぞれのハビトゥスがキャラクターとなる。習慣が人柄となる。ゆえに幼少期からの「よい」習慣づけが重要である、とアリストテレスは説いたのであった。『ニコマコス倫理学』で彼は、こう記している。「善きひとになるのは、一部のひとびとの考えによれば本性に、他の一部のひとびとによれば習慣づけに、また他の一部のひとびとによれば教えによる。ところで、もし本性に属するのだとすれば、明らかにこれはわれわれのいかんともしがたいところなのであって、何らかの神的な原因によって真の意味における『好運な』ひとびとにあたえられたものだとするほかはない」(9)。現代の日本において問題とする「よい人間」の教育に関して、生まれつきの自然本性（φύσις）—英語でnature—の違いについては保留するにしても、よい習慣づけ（エトス）とよい教え（ロゴス）なら、何とか私たちの自由になりそうである。

　アリストテレスのテキストを現代的に読めば、家庭での養育はもとより、学校でのよい習慣づけ、さらに授業を中心としたティーチングによって、人はより「よい人間」となるとパラフレーズできよう。よい人・よい人間とは、すな

わち道徳的な人であり、よい人柄・性格の人間である。道徳的な人とは、その基盤としての道徳性をエートスやキャラクターとして備えている人間のことである。道徳教育を支える理念は、すでに西洋教育史の起源となる古代ギリシアにおいて、アリストテレスからも古典的に基礎づけられていると言えよう。

　こうしたエトスとエートス、習慣が人柄や性格となるという考えは、教育という持続的な働きかけによって「よい人間」が形成されるという可能性を大前提にしている。つまり人間の教育可能性に対する信頼が、言うまでもなく道徳教育を支える理念の前提となっているのである。事実として道徳も教育もないような人間社会を想像することができないのなら、私たちは嫌でも道徳教育に取り組んでいかなくてはならない。そこで何よりも大切なのは、子どもの内から「よい習慣」を身に付けさせることである。

　そうした良習や美徳とされるものは学習指導要領に明示されていた。たとえば小学校低学年Aでは、善悪の判断、自律、自由と責任という徳目について「よいことと悪いこととの区別をし、よいと思うことを進んで行うこと」とある。これは善行である。善行は美徳であり、悪行を教育しようとする悪徳の教育を道徳教育とは言わない。悪習ではなく良習を身に付けさせようとする道徳教育は、本来すべて美徳教育である。中学年Bでは、親切、思いやりという徳目について「相手のことを思いやり、進んで親切にすること」とある。これも善行である。高学年Cでは、規律の尊重という徳目について「法やきまりの意義を理解した上で進んでそれらを守り、自他の権利を大切にし、義務を果たすこと」とある。これも善行である。同じくDでは、生命の尊さという徳目について「生命が多くの生命のつながりの中にあるかけがえのないものであることを理解し、生命を尊重すること」とある。これも善行である。学習指導要領に提示されている徳目や道徳内容に関して、そのいずれもが「よい」とされる美徳と善行から構成されている。これらを公教育として日本の子どもたちに教育していきたいし、またしなければならないという使命と理念が、学習指導要領には記されている。そこで問題は、これをどうやって実践するかである。

　学習指導要領にある道徳の内容を一見すれば、これに異議申し立てする隙間もないほど、これらは一般の人々（世間）からして望ましく「よい」とされる

美徳で満ちている。これらは「道徳的価値」と表現されている。しかし世の中を見回してみると、これらの美徳が「理想的」価値であることに、親や教師も含めて皆が気付いている。次節とも関連するかもしれないが、それは自分自身の行動を少しでも振り返ってみるだけで自覚できる。自己を少し意地悪に反省してみよう。道徳的行為には常にさまざまな相手や状況が伴うが、常にふだんからよいと思うことを進んで行うことは、実際には難しい。常に相手のことを思いやり親切にすることも、実際には難しい。常に自他の権利を大切にすることも、実際には難しい。何らかの生き物を殺して、その生命を奪って生きざるをえない人間が、常にあらゆる生命を尊重することも、実際には難しい。学習指導要領に掲げてある道徳の内容を毎日の生活の中で完全に実現することは、じつは大人にも子どもにも不可能である。理想となる道徳的諸価値を提示して理解させようとする道徳教育は大事である。しかし、こうした内容を全ての人間が完璧に満たすことは不可能である。もちろん学習指導要領にも「道徳的価値は大切であってもなかなか実現することができない人間の弱さなども理解すること」[10]とあり、その評価も数値による相対評価ではなく記述によってなされるべきとされている。にもかかわらず学習指導要領にある以上、私たちはこれらをどのような実践を通じて具体化するのか、道徳性を涵養していくのか、とりわけ学校教師は知恵を絞らなければならない。これは主に道徳科における教育方法のテーマともなるが、あわせて道徳教育そのものが可能となるための理念についても、さらに補強しておこう。

　やはり古代ギリシアにさかのぼれば、今日の道徳教育という言葉は用いられることはないが、それを欠いては「人間」とはいえない徳(アレテー)は教えられるか、という問題がプラトンによって取り上げられていた[11]。本質的な問いは二つある。①道徳が理性による議論を通じて教育され獲得される明確な知識といったものなのか。それとも②生まれながらの生活や習慣の中で日常的に去来する感情—道徳感情・道徳感覚—といったものなのか。

　アリストテレスは徳、すなわち人間の卓越性を二つに区別していた。一方を「知性的卓越性」「知性的徳」、他方を「倫理的卓越性」「倫理的徳」とし、知性的な徳（intellectual virtue）つまり「頭脳」は「教え」によって陶冶（bilden）

されるが、倫理的な徳（moral virtue）つまり「人柄・性格のよさ」は「習慣・習慣づけ」によって形成されると述べた。そのための習慣づけの重要性については、すでに見たとおりである。幼少期からの生活や習慣づけの中で、道徳的な感情や感覚を私たちは無意識的に身に付けていく。しかし習慣づけだけでは、まだ何かが足りない。道徳教育を支える理念として、さらに教えとロゴス、すなわち思考が加わらねばならない。この点でプラトンの主知主義に耳を傾ける必要が生じてくる。

　プラトンは、私たちが何らかの真理を本当に知ることを通じて「魂の向け変え」が可能になるという。魂とはプシュケーでありアニマであり、要するに私たちを生かしている「いのち」である。「魂の向け変え」とは、人間としての「いのち」の「あり方」の方向性が変わること、つまり「生き方」の方向転換である。私たち人間は何かを真に知ることによって、さらに真理を知りさえすれば自己の「あり方・生き方」を変えてゆけるのだ。そうプラトンは考えていた。換言すれば真理としてのイデアを見ること（テオーリア）を通じて、人間が変容する可能性を——当時アテナイの一部の人間について——信じていたのである。そこで大切なのは真理に目覚めさせることである。ソクラテスの口を借りてプラトンは「魂の向け変え」の実践としての対話編を数多く残している。哲学的な問答や思考によって、私たちはある種の正しさや、それに伴う不正といった知識を獲得することができる——プラトンは想起する（アナムネーシス）と述べている——のであり、さまざまな議論を通じて考えるプロセスを経ることにより、ここに真理に至る可能性が開かれることになる[12]。そこで真に知ることこそが、自分自身のみならず社会全体のモラルを変える嚆矢となる。プラトンによって記された古代ギリシアの古典とも言える数々の対話編は、ソクラテスを通した「考える道徳」の実践記録と言ってもよいであろう。私たちは道徳あるいは道徳的価値に関する思考を通じて、「汝自身を知れ」（nosce teipsum）というデルフォイの碑文を実行するのである。ソクラテスとの対話を通じて、いつしか私たち自身が「自己の生き方についての考えを深める学習」を遂行している。優れた古典作品の読解を通じて人間性は陶冶されるとの教育思想は西洋教育史上「人文主義」（Humanismus）と言われてきたが、このヒュー

マニズムの意義は現代でも大きい。私たちは今でも、いつでもどこでもプラトンやアリストテレスを読むことを通じて、道徳や道徳的価値、道徳性や人間性について考え、自己の生き方を反省し、人間としての人生の深み—教養—を増していくことができるのだから。

　以上、道徳教育を支える理念について、それが必要とされ可能とされる理由も含めて簡単に探ってきた。以下、現代日本での道徳教育を支える理念を提示する学習指導要領にも触れておこう。

　まず「学校における道徳教育は、特別の教科である道徳（以下「道徳科」という）を要として学校の教育活動全体を通じて行うものであり、道徳科はもとより、各教科、外国語活動、総合的な学習の時間及び特別活動のそれぞれの特質に応じて、児童の発達の段階を考慮して、適切な指導を行わなければならない」[13]とされ、「学校における道徳教育は、自己の生き方を考え、主体的な判断の下に行動し、自立した一人の人間として他者と共によりよく生きるための基盤となる道徳性を養うことを目標とする教育活動であり、社会の変化に対応しその形成者として生きていくことができる人間を育成する上で重要な役割をもっている」[14]と解説されている。そこで道徳科の目標は「よりよく生きるための基盤となる道徳性を養うため、道徳的諸価値についての理解を基に、自己を見つめ、物事を多面的・多角的に考え、自己の生き方についての考えを深める学習を通して、道徳的な判断力、心情、実践意欲と態度を育てる」[15]ことにある。学習指導要領においては、ともかく「道徳性」こそが私たちが人間——人格および国民——として「よりよく生きるための基盤」とされている。これは「人間としてよりよく生きようとする人格的特性」である。ゆえに道徳性を欠如してしまっては人格としても国民として不十分となる。そこで「道徳性を養うため」に「道徳的な判断力、心情、実践意欲と態度を育てる」とされる。つまり「道徳性」は、大きく①道徳的な判断力、②道徳的な心情、③道徳的な実践意欲や態度、という三つの様相もしくは能力から構成されていることになる。しかも、これらは道徳的な価値理解を基に「自己の生き方についての考えを深める学習を通して」育てられるとされる。「考える道徳」および「議論する道徳」への転換は、とくに今回の改訂で強調されている点である。

道徳性が三つの諸相からなる能力と捉えられるとき、私たちは古代ギリシア以来の伝統ともつながっていることが明らかとなる。①道徳的な判断力を育てるために、さまざまな教材を用いて方法的工夫も重ねながら、教師は子どもたちに考えさせねばならない。道徳科は、子ども自身が「考える道徳」の「要」の授業時間としてセットされねばならない。そこでは「議論する道徳」も求められている。また道徳性は理知（ロゴス）的な判断力のみならず、②道徳的な心情すなわち道徳感情や感覚からも構成されている。子ども自身が「感じる道徳」の時間として、学校の教育活動全体が視野に収められねばならない。そして道徳性は③道徳的な実践意欲や態度となって、行動として実際に現れ出てこなければ、もうとう意味をなさないものとなってしまう。これは習慣づけ（エトス）とも大いに関連している。とりわけ特別活動の時間や生活指導とも有効にリンクさせながら、やはり学校の教育活動全体を通して意欲や態度を育てていく努力が求められるだろう。学校生活全体を通して子どものキャラクターは形成されていくのである。道徳科を中心とした道徳教育がなされる子ども時代に、その後の人生を左右する人柄や性格の本質は、すでに形作られてしまう。道徳教育が担う責任は大きい。

〈注〉
（1）ルソー、ジャン・シャック（今野一雄訳）『エミール――教育について――（上・中・下）』岩波文庫、2007年、参照。
（2）和辻哲郎『人間の学としての倫理学』岩波文庫、2007年、参照。
（3）アリストテレス（山本光雄訳）『政治学』岩波文庫、1961年、参照。ここで人間はある国や社会の中で生きざるをえない動物とされている。
（4）文部科学省『小学校学習指導要領解説　特別の教科　道徳編』2015年、24-25頁。
（5）文部科学省、同上書、1頁。
（6）菱刈晃夫『からだで感じるモラリティ――情念の教育思想史――』成文堂、2011年、参照。
（7）アリストテレス（高田三郎訳）『ニコマコス倫理学（上）』岩波文庫、2009年、72-73頁。
（8）アリストテレス、同上書、69頁。

（9）アリストテレス（高田三郎訳）『ニコマコス倫理学（下）』岩波文庫、2009年、237-238頁。
（10）文部科学省、前掲書、16頁。
（11）プラトン（藤沢令夫訳）『メノン』岩波文庫、1994年、参照。
（12）菱刈晃夫『習慣の教育学——思想・歴史・実践——』知泉書館、2013年、参照。
（13）文部科学省、前掲書、10頁。
（14）文部科学省、同上。
（15）文部科学省、同上書、15頁。学習指導要領については、文部科学省『中学校学習指導要領解説　特別の教科　道徳編』2015年、も参照されたい。

〈推薦図書〉
アリストテレス（高田三郎訳）『ニコマコス倫理学（上・下）』岩波文庫、2009年。
アリストテレス（山本光雄訳）『政治学』岩波文庫、1961年。
和辻哲郎『人間の学としての倫理学』岩波文庫、2007年。

第2節　「いのち」をかなしむ——道徳教育の基盤への一視点——

はじめに

　本節では、まず、道徳の根本問題としての「人間としてこの世に生きるということはどういうことか」という問いの出自とその特質について考える。次に、「この世に生きるということ」の実相を「いのち」[1]と名づけたうえで、その「いのち」の生きられ方を捉え直す作業を通じて、道徳的な生き方の原点を明らかにする。最後にこうした「いのち」の立場から、「いのち」をかなしむ[2]という生き方の意義を試論する中で、道徳の隠れた根源について論及する。

第1項　「人間としてこの世に生きるということはどういうことか」という問い

　私たちは一人ひとりこの世に生を享け、今ここにこうして人間として生きており、やがてこの世から去っていく。これは事実としてどうにも動かしがたい、当たり前と言えば当たり前の、一見疑う余地のない事柄である。しかし、誕生

第2章　道徳教育の可能性

から死へと向かって今ここにこうして「生きているということ」が事実として当たり前の事柄であることは、私たち人間がそのような「生きているということ」の事実において安んじて自足し、そこに何ら問題を感じないということではないだろう。むしろ、私たちは、「生きているということ」が当たり前の事実としてあることに、しばしば大いに驚き激しく打たれることがあるのではないか。そのとき、今ここにこうして人間として生きている私たちにとって、まさにこの「生きているということ」の事実それ自体が全体として、原初のかつ最も重要な問題となっているのである。私たちは、この世に生を享け、やがてこの世から去るべく、現にこうして生きているのだが、その「生きているということ」がそもそも何なのかといった問いとは生涯無縁なまま、「単に生きる」ということが困難な生き物なのだと言えよう。

　たとえば、関連資料の濃密で精緻な読解となめらかで奥行きのある筆致をもって、深い敬愛に発する独自の視座から哲学者西田幾多郎の生涯の歩みを丁寧に辿り、人間西田幾多郎の奥底に迫った評伝『西田幾多郎——人間の生涯ということ——』において、著者上田閑照は「一人の人間がこの地上で何十年かの生涯を過ごすということは、一体どのようなことであろうか」[3]という問いが、いつの頃からか、自身の中で、静かにしかしはっきりと問いとして感じられるようになったと述べている。さらに続けて、上田は、この評伝執筆の鍵となったとする、西田が退職にあたって自らの歩み来た道を振り返りつつ著した印象深い仮構的小品「或教授の退職の辞」に触れながら、その小品における西田の文章と「このように書く西田がそのように生きたというその生涯から、私は、人間としてこの世に生きるということがどういうことかを繰り返し思わずにはいられませんでした」[4]とも言い表している。

　上田が投げかける「人間としてこの世に生きるということはどういうことか」という問いは、一面、あっけにとられるほど素朴でストレートな問いである。むろん、こんな一直線の問いは思いもよらず想像すらできないというのではない。むしろこうした問いの存在は、生活の折々の局面で、私たちにこれまでもしばしば予感されていたとさえ言えるかもしれない。だが、いわば穏やかに勤しまれていた日々の営みの真正面から、生きることの急所へと突如切り込

まれるような、この問いが有する圧倒的なまでの単刀直入さと衝撃力にいざ直面してみると、立ち尽くし、応答に窮するような問いなのである。

　この問いに対して、事実として私たちが生きていることを実証しうるような社会生活上のあれこれの活動を列挙し、その活動の目的や内容に関する説明を積み上げていって、生きるとはこういうことだと指し示しても、それはこの問いが求めるものではないだろう。なぜなら、この問いは、そうした社会生活における処世や渡世をめぐる問いではないからである。さらには、生物学的な生命維持を担う身体の諸器官や諸臓器の活動や機能を示して、「これが生きているということだ」といくら精密に明解に解説しても、もとよりこの問いへの応答にならない。ここで問われている「生きているということ」とは、そうした生命活動の仕組みや働きを指すわけではないからである。

　しかしだからといって、「こういうことだ」という形で、一連の特定の何かを指し示すこと以外の仕方で、この「どういうことか」という問いに応答することは容易ではないだろう。容易には応答できないこの問いは、にもかかわらず、それが一旦、今ここにこうして生きている私たちの在り方の奥深くに根づいていることに気づかれるや否や、もはや不問に付したままで生きていくことのできないような抜き差しならない問いとなる。すなわち、先程の上田の言に倣(なら)えば、そのことを「繰り返し思わずにはいられない」問いとなるのである。

　私たちが人間として生きていることには、社会生活上の諸活動の次元に包摂しえないものが胚胎(はいたい)している。私たちは人生のそれぞれの段階で、社会において求められ、また望むことができるその都度の役割や地位に応じた活動に取り組む。しかし、それらの社会的活動の総和や総量は、私たちが人間として生きていることの質的な根源を明らかにするものではないだろう。家族と交わり、仕事に携わり、余暇を楽しむ直中で、私たちは、日々の暮らしが営まれるこの世に、現にこうして生きているということがそもそもいったい何なのかという問いへの思いが、折に触れとめどなく湧き溢(あふ)れるのを感じるのである。

　また同様に、私たちが人間として生きていることには、生物学的な生命維持に必要な基本的活動としての身体的諸器官や諸臓器の働きに還元できないものが抱え持たれているとも言える。今この瞬間も、私の心臓は拍動し、私の肺は

呼吸している。しかし、心拍の一打ち一打ち、呼吸の一息一息は、それなしには生きることが成り立たない根本的な生命活動でありながら同時に、そうした生命活動をめぐる生物学的な因果への問いを超えて、いわば人間学的な縁起への問いに向けて、私たちを抑えがたく強く促す力を有しているのである。

　改めて、この世に生きるということはどういうことか。道徳は、たとえば「人のふみ行うべき道。ある社会で、その成員の社会に対する、あるいは成員相互間の行為の善悪を判断する基準として、一般に承認されている規範の総体。法律のような外面的強制力を伴うものでなく、個人の内面的な原理」[5]であるとさしあたり定義されよう。しかし、ある行為が、そうした「ふみ行うべき道」として、「外面的強制力」を伴う「法律」ではなく、「内面的な原理」である「規範」に則っているとされるなら、その行為が則る「内面的な原理」である「規範」が、どのような論拠によって、私たちにとって「ふみ行うべき道」であると承認されうるのかが明示されねばならない。それは、とりもなおさず、「この世に生きるということはどういうことか」という問いと直面することだろう。「ふみ行うべき道」というからには、その「道」が「ふみ行うべき」であるということが、「この世に生きるということ」の実相に則って証しされねばならないのである。

　日本の学校における道徳教育の目標は「自己の生き方を考え、主体的な判断の下に行動し、自立した一人の人間として他者と共によりよく生きるための基盤となる道徳性を養うこと」[6]と定められているが、道徳教育の出発点としての道徳性を基盤とする「よりよき生き方」の本質を考える営みが帰着するのは、詰まるところ、今ここに生きている私たちの脚下を貫いて、「人間としての何十年かの生涯を過ごす」ことの根源的全体へと立ち返るような「この世に生きるということはどういうことか」という問いではないだろうか。そしてこの問いは、先に見たように見事なまでに単純直截でありながら、しかもとてつもなく深く切実な問いだと言わねばならない。

第2項　一人ひとり別々に享け、別々に逝くいのち

　「この世に生きるということはどういうことか」という問いに面して、私た

ちは、その「この世に生きるということ」の現れとありさまの一部始終を、「いのち」と呼ぶことにする。そうしたいのちとしての私たちのこの世における出発点は「誕生」であり、その終着点は「臨終」である。では私たちは、いったいどのようにしてこの世でのいのちを得、いのちを終えるのであるか。

　私たちは、この世に一人ひとり別々にいのちを享ける。享けた一人ひとりのいのちは、他のいのちとの間で、代替も譲渡も不可能である。私は、他の誰かのいのちを替わって生きることも、他の誰かに私のいのちを替わって生きてもらうこともできない。いのちを誰かに譲り渡すことも、誰かから譲ってもらうこともできない。私が享けたいのちはその意味で唯一無二であり、他の誰にもない、他のどこにもないいのちである。このように代替も譲渡も不可能ないのち、そこにおいて私が今こうして生きてあるいのちを、私たちは、自らの意志や意図にもとづいて得たのではない。気がつけば生まれていた、既に生きていたという形で、この世に生きているということを、私たちは常に事後的に見出す他はない。一人ひとり別々にいのちを享けて生きる私たちの存在それ自身は、私たちが自らの意志や意図で生み出したものではないのである。

　さらに、自らの意志や意図によってもたらされたのではないいのちをそれぞれに享けた私たちはまた、いつどこでどのようにとは原理的に定められないままに、しかし例外なく、享けたそのいのちをそれぞれに終えなければならない。一人ひとり別々にこの世から去らねばならない。離れたくない、別れたくない、死んで欲しくない、死んでいきたくないと如何に乞い願おうが、どんなに大切な人とも、愛しい相手とも、死別の時は必ずやってくる。永訣(えいけつ)は避けられない。有限ないのちを生きる存在である限り、私たちはいつまでもどこまでもこの世に共にあることはできないのである。

　先立った人の後を追うとしても、どこでいつ追いつくのかはわからない。そもそも「追う」という行為が可能なのかどうかも定かではないだろう。ならば、せめて死ぬ時は離れず同時にとばかりに、手に手を携えて共に逝くことを試みても、事切れる瞬間は冷酷峻厳にも別々である。ましてや事切れた後も、そのまま離れずに共にありうるのかどうかは、永久に知り得ない。一人ひとり別々にこの世に生まれた私たちは、こうしてそれぞれに独立した決して一つにはな

れないいのちを生き、そのまま一人ひとり別々に、永久にこの世から消え去ることになる。「この世に生きるということはどういうことか」という問いが、この世に享けたいのちの出発点と終着点に焦点づけられるとき、そこに浮かび上がるのは、偶然性と有限性によって射貫かれた、生きることの根底に広がる避けがたい孤独と虚無のありさまであるとまずもって言う他はないかのようである。

「この世に生きるということ」とはしかし、畢竟(ひっきょう)こうした如何ともし難い孤独と虚無のうちに生成消滅する出来事に過ぎないのだろうか。

第3項　出会われ、共に生きられ、看取り看取られるいのち

私たちは、「この世に生きるということ」への問いに面して、生きられるいのちの具体的で現実的な営みの一つひとつを思い浮かべながら、その誕生と臨終の出来事を今一度改めて静かに省みねばならない。

私たちはこの世に別々にいのちを享ける。だが、その別々のいのちは、そうしたいのちの誕生を待ち望み、喜びとともに迎え入れようとする他のいのちを生きる人々のもとに生まれ落ちるいのちでもある。さらにまた、私たちがこの世から一人ひとり別々に去るその時も、そのまさに去らんとするいのちを惜しみつつ看取り、後々までも忘れずにいようとする他のいのちを生きる人々が死の床の傍らにいるのである。すなわち、私たちは一人ひとり別々にこの世に生まれ、別々にこの世から去るいのちでありながら、そのいのちを生きることをしばし互いに共にする人々とのかかわりのもとに生まれ、かかわりのもとに去っていくいのちなのである。私たちがこの世で生きるいのちは、自ら望んだのではない、いわば図らずも得た別々のものではあるが、そのいのちはこの世に生まれる前から、待ち望まれるという形で、そしてこの世から消え去った後も、追慕されるという形で、他のいのちと共にあるいのちでありうるのである。

この世に生まれる前に私たちはどこにいたのかはわからない。この世から去った後に私たちはどこにいるのかはわからない。にもかかわらず確かなことがある。それは、この世に生きる私たちは、図らずも享けたいのちとして偶然にもこの世に滞在するしばしの間、互いに別々のいのちを生きる身でありなが

ら、これもまた偶然にも親密になる特定の人々と出会い、交わり、睦みあい、励ましあい、支えあい、世話し世話されあい、そしてやがて看取り看取られるという在り方へと開かれているということである。

このようないのちの在り方へと私たちが開かれることで、そこに何か非日常的な特別な事態や出来事が生じるわけではない。このいのちの開けにおいて、私たちは、目の前に現れた人々との出会いの偶然を喜び祝い、その出会いがもたらしたかかわりを大切に育みあい、看取り看取られるその日まで共に生きるべく、あらん限りの思いを互いにただ注ぎ続けるだけである。私たちは、そうした偶然に傍らにいる人々と今日も挨拶を交わし、共に語り、共に食べ、共に活動し、共に憩い、共に眠る。このように考えてくるとき、いのちとしてこの世に生きるということの基本は、日々を共にする傍らにあるいのちの在り方を慮り、思いやることである。そして、「この世に生きるということ」の実相に則ったという意味で、こうした慮りと思いやりはまた、道徳的な生き方の原点でもある。

学問研究の対象としての道徳に関する諸問題は、人類社会におけるその歴史的起源や変遷過程、あるいはその形而上学的な根拠や普遍妥当性、またその社会的文化的な相対性や多様性、さらにはその現代的状況や課題などの論点をめぐり、様々に考究され論じられてきた。だが、どのように考究され、論じられようとも、よりよくこの世を生きようとする道徳の本態が証しされるのは、別々に生まれ別々に去らねばならないにもかかわらず、偶然に出会った親密な人々としばしこの世に共にあるそれぞれのいのちが、互いのいのちの在り方を慮り、思いやりつつ営まれる平凡とも言える身近な日常生活においてより他はないだろう。

自他のいのちの日常的なかかわりにおけるこうした慮りと思いやりの中に、私たちは道徳的な生き方の変わらぬ確かな源泉を見出すことができる。いのちとしてこの世に生きるということを、傍らにある他のいのちへの日常的な慮りと思いやりの営みに即して端的にかつ象徴的に表現すれば、それは、生まれ来た幼いいのちに毎朝食事を用意することであり、共に暮らし共に過ごすことを選びあったいのちと今日一日の活動を分かちあうことであり、いまや老いつつ

あるいのちの介助に毎夕向かうことである。それぞれのいのちが、互いのいのちを、互いにいのちであるために必要とするということに深く気づき、その気づきが具体的な行為となって現れるとき、私たちは「この世に生きるということ」において、確かに道徳を生き始めているのである。

第4項　道徳の隠れた根源としてのいのちへのかなしみ

　ここまで私たちは、「この世に生きるということ」の現れとありさまを「いのち」と名づけつつ、道徳教育の基盤をなす道徳的な生き方の原点を捉え直すという問題意識から、そのいのちの生きられ方について考究してきた。そこで明らかになったのは、否応なくそれぞれ別々に生まれ別々に逝くいのちでありながら、その誕生も臨終もすべて、傍らに生きる大切な愛しいいのちとのかかわりの出来事として起きるということであった。道徳的な生き方の原点とは、私たちのそれぞれのいのちが、この世におけるこうしたかかわりのもとに生まれ、育ち、老い、病み、逝くいのちであることに気づき、看取り看取られるその日までのしばしの間、偶然にも傍らにあることを得た身近な他のいのちと共にあって、互いに互いのいのちの在り方を慮り、思いやり、世話し世話されつつ生きることであると言えよう。

　だが、果たして「人間としてこの世に生きるということはどういうことか」という問いから出発した道徳教育の基盤としての道徳性をめぐる原理的考究は、道徳的な生き方の原点を、このようにいのちが互いを慮り、思いやり、いのちとして互いを必要として生きられる在り方に見出すと結論づけられて終わるだろうか。最後に、私たちは、いのちの有限性と別離の不可避性の問題へと、やはり再び立ち返らねばならない。

　かかわりのもとに生まれ来た有限ないのちは、先に見たように、そのかかわりのもとにまた、否応なくこの世から去らねばならないのであった。別々に生を享け別々に逝くいのちは、しかし「この世に生きる」しばしの間、この上なく親密に互いにかかわりあういのちと出会うことができるがゆえに、その永訣がもたらす喪失と悲嘆の感情は、比類ないほど激しく深く鋭い。

　最愛の妹トシを若くして病で失った宮沢賢治は、臨終近きトシを前に、「あ

あけふのうちにとほくへさらうとするいもうとよ／ほんたうにおまへはひとりでいかうとするか／わたくしにいつしよに行けとたのんでくれ／泣いてわたくしにさう言つてくれ」[7]と哀願し、トシを看取って「とし子はみんなが死ぬとなづける／そのやりかたを通つて行き／それからさきどこへ行つたかわからない」[8]と痛切に嘆じた。賢治の類い希な詩才は、妹トシの死に面して、慟哭するいのちのありさまを幾編も詠いあげたが、互いのいのちを全身全霊で慮りあい、思いやりあった最愛の肉親に先立たれた者の震え響きわたるような哀惜と嘆きそれ自体は、言うまでもなくひとり賢治だけのものではないだろう。

　私たちは、いのちにおける道徳的な生き方の原点を、偶然にしばしの間「この世に生きるということ」を共にするいのちが、互いに慮りあい、思いやりあうことに見出した。しかし、この慮りと思いやりは、いずれか片方のいのちがやがて先立ち、もう片方が先立たれる事態に必ず逢着する。互いの慮りと思いやりが深ければ深いほど、別離がもたらす悲嘆も底知れない。そして、慮りあい、思いやりあうかかわりは、かつて双方が共にこの世に生きていた頃と同じようにはもはや決して実現しない。食事を用意しても相手は食べない。手を差し伸べても何も触れない。呼びかけても返事は返ってこない。相手はもうこの世にはいない。見える、聞こえる、さわれる場所にはいない。永久にいないのである。遺されたいのちにとって、それは筆舌に尽くし難いかなしみの体験だろう。

　別離はやがて必ず来る。もしかしたら、それは来年かもあるいは来月かもしれない。傍らにある他のいのちと共に「この世に生きるということ」は、不可避的な永訣を結果する。この世にあって、私たちは、例外なくこうした永訣に直面し、その永訣を生きなければならない。だが重要なことは、本節におけるこれまでの考究から明らかにされた道徳的な生き方の立場は、具にくもりなく見据えられるならば、「この世に生きるということ」にとって不可避的な永訣がもたらすこうしたかなしみを、無視したり拒否したり看過したりするところに立つのではないということである。

　かかわりのもとにあるいのちの在り方に目覚め、互いを慮り、思いやりつつ生きる私たちのいのちは、この世に生きる有限ないのちである限り、別離の体

験が避けられないことを知っている。それがどれほど過酷で凄絶な体験であるかも予感している。しかし、今ここで互いに世話し世話されるいのちの営みは、そうした別離の出来事によっても決して無意味にはならない。なぜなら、大切な他のいのちとの別離がもたらす途方もないかなしみは、如何ともし難く有限ないのちである私たちが、偶然傍らにもたらされたもう一つのいのちと全身全霊を込めてかかわったこと、すなわち道徳的に生きたことの紛れもない証だからである。

であるとすれば、世話し世話される私たちのいのちが、永訣の出来事に臨んで、道徳的にまさしくなすべきことは、そこにもたらされるかなしみを乗り越えることでも克服することでもなく、そのかなしみをただひたすらかなしみ抜くことだろう。私たちは有限ないのちであることから逃れられない。不可避的な永訣を抱え込んだいのちをめぐるかなしみの体験は、そうした私たちの有限ないのちが、傍らにある他の有限ないのちと慮りあい、思いやりあいつつ、しばし精一杯共に生きるという、「この世を生きるということ」における道徳の隠れた根源なのである。（本講座第3巻 第8・9章 参照）

〈注〉
（1）ここに言う「いのち」とは、私たちの生活における生物的、社会的、歴史的、文化的、宗教的といった位相の全てを包摂した生きることの現れとありさまの一部始終を意味する。教育は、こうした視野における私たちの生涯にわたる「いのち」に深くかかわる営みであると言うことができる。教育の本質を「いのちへの世話」として捉える筆者の視点の詳細については、鳶野克己「あがる産声／ひきとられる息――教育における超越への扉――」『教育哲学研究』第113号、2016年、14-20頁を参照。

（2）本節では、「かなしむ（かなしい）」は倭語としてひらがな表記する。それは、「自分の力ではとても及ばないと感じる切なさをいう語。悲哀にも愛憐にも感情の切ないことをいう」（新村出編『広辞苑』第6版、岩波書店、2008年、563頁）を語義とする「かな（悲・哀・愛）しい」である。こうした「かなしみ」を鍵概念に据えた筆者の教育人間学研究の試みについては、鳶野克己「「生きることのかなしみ」という力――かなしみの教育人間学に向けて――」田中毎実編『教育人間学――臨床と超越――』東京

大学出版会、2012年、107-131頁、および鳶野克己「「生きることのかなしみ」再考」『教育哲学研究』第115号、2017年、91-107頁を参照。
（3）上田閑照『西田幾多郎――人間の生涯ということ――』岩波書店、1995年、249頁。
（4）同上。
（5）新村編、前掲書、1982頁。
（6）文部科学省『小学校学習指導要領解説　特別の教科　道徳編』2015年、10頁および、文部科学省『中学校学習指導要領解説　特別の教科　道徳編』2015年、8頁。周知の通り、2015（平成27）年3月に一部改訂された『小学校学習指導要領』および『中学校学習指導要領』は、小学校では2018（平成30）年度から、中学校では2019（平成31）年度からそれぞれ全面実施されることとなった。改訂前の学習指導要領にあった「道徳の時間」は、「特別の教科　道徳」として位置づけ直され、学校教育における道徳教育は、教科化の道を本格的に歩み出したのである。
（7）宮沢賢治『宮沢賢治全集　第1巻』ちくま文庫、1986年、161頁。
（8）同上書、178頁。

〈推薦図書〉
上田閑照『生きるということ――経験と自覚――』人文書院、1991年。
竹内整一『「かなしみ」の哲学――日本精神史の源をさぐる――』日本放送出版協会、
　　2009年。
若松英輔『魂にふれる――大震災と、生きている死者――』トランスビュー、2012年。

第3章
道徳教育の歴史

第1節　戦前の道徳教育

第1項　近代日本の道徳教育の黎明

（1）文部省と師範学校による教則

　1872（明治5）年の「学制」により日本の近代学校制度が開始された。そこでは、道徳を教える教科として「修身　解意」、「修身学」が規定された。同年に定められた「小学教則」では、「修身口授（ぎょうぎのさとし）」として示された。「修身口授」の教科書としては『民家童蒙解』など5種類の翻訳本が指定され、後に幾つか追加された。

　東京師範学校[1]は1873（明治6）年「下等小学教則」「上等小学教則」を制定したが、そこには「修身」という教科はなく、「上等小学教則」において「読物」の内容に「修身談」を授けると規定していた。各府県の「小学教則」の立案には、各府県に赴任した東京師範学校の卒業生が大きな役割を果たしたことから、師範学校の「教則」の影響を受けて制定された。なお、道徳に関わる教科は重要な地位を占めていたわけではなかった。

（2）「徳育論争」

　1879（明治12）年に文部省が公布した「教育令」では、小学校学科課程の末尾に「修身」を位置づけた。同年、元田永孚の起草による「教学聖旨」により、明治天皇は、「仁義忠孝」の儒教主義を教育の根本に据えることを示した。こ

れに対し、伊藤博文は「教育議」を上奏し「旧時ノ陋習ヲ回護スルカ若キコトアラハ、甚タ宏遠ノ大計ニ非サルナリ」(2)と批判した。伊藤に対して元田は「教育議附議」(3)により反論した。1880（明治13）年の「改正教育令」では、「修身」は筆頭教科に位置づけられた。翌年の文部省「小学校教則綱領」(4)では、「修身」の授業を、初等科、中等科では週6時間、高等科では週3時間とし、いずれにおいても筆頭教科として位置づけた。

　「教学聖旨」をめぐる論争を始めとして、明治10年代から20年代初めにかけては、道徳教育に関する様々な見解が提示され、いわゆる「徳育論争」が起こった。封建的な考えを排し、日本を近代化することが重要と考えた福沢諭吉は1882年の「徳育如何」など、時事新報社社説において、「儒教主義道徳復活」を反対し、儒教主義の欠陥として「政論と徳論の親和」、「政論の時代的錯誤」、「私徳公徳のとらえ方のあいまいさ」の3点を主張した(5)。加藤弘之『徳育方法案』（哲学書院、1887（明治20）年）は、「愛他心」（仁、慈悲、博愛）を中心に宗教（神道、儒教、仏教、キリスト教）に基づく徳育を主張、杉浦重剛『日本教育原論』（金港堂、1887年）は、日本人固有の精神を保持することを主張、西村茂樹『日本道徳論』（日本弘道会、1887年）は、仏教やキリスト教ではなく儒教と西洋哲学を国民道徳の標準にと主張、能勢栄『徳育鎮定論』（興文社、1890（明治23年））は、「普通心（こもんせんす）」を育成する徳育を主張した。なお日本固有の普通心は忠君愛国の情とした。

（3）自由民権運動への教員の参加と「師範学校令」

　多くの教員が自由民権運動に参加し、演説会の弁士として活躍し、学校が演説会の会場となることもあった(6)。政府は、集会条例（1880年）で、学校教員が政治結社および政談演説会に参加することを禁止した。

　1886（明治19）年、文部大臣森有礼は、「師範学校令」を定めた。師範学校では「従順（順良）」、「友情（信愛）」、「威儀（威重）」の三気質を備えた人物の養成を根幹として、学科「倫理」を設置し、兵営式の寄宿舎教育も開始した。寄宿舎では、休日以外の外出、政治的な言論、新聞雑誌等の購読が禁止された(7)。

第2項 「教育勅語」による道徳教育の開始

(1)「教育勅語」の発布と儀式における奉読

1889（明治22）年公布の大日本帝国憲法では勅語の渙発に際しては「国務大臣ノ副書」が必要であったが、「教育ニ関スル勅語」には、「副書」はなく、明治天皇から国民に直接下賜する形式で、1890年10月に発布された[8]。「教育勅語の内容は、伊藤博文の側近である井上毅と元田永孚が参加したことも反映し、近代市民倫理と儒教倫理が折衷されたもの」[9] であった。

「教育勅語」は、渙発の翌日から謄本が全国に頒布され、祝祭日の儀式や学校儀式の際に「奉読」することとされた。（「小学校祝日大祭日儀式規定」1891、明治24年6月）。1872（明治5）年ころから府県庁などに下付され始めた「御真影」[10] は、1887年には、府県立学校にも下付され、1889年には公立高等小学校まで下付範囲が拡大していた。公立尋常小学校・幼稚園には「複写御真影」の「奉掲」が許可されていたので、「御真影」またはその「複写」への拝礼と「教育勅語」の奉読による「忠君愛国」の教育が全国的に始まった。

(2) 検定教科書から国定教科書へ

1890（明治23）年10月に第二次小学校令、1891年11月に「小学校教則大綱」が制定された。「修身」は「教育勅語」の趣旨に基づき、「孝悌、友愛、信実、礼敬、義勇、恭倹等」の実践方法を教え、特に「尊王愛国ノ志気」を養うことが目標とされた。授業時数は1886年の小学校令では小中ともに週1時半であったが、小学校において3時、中学校において2時と週当たりの時間が増加した。

1891年12月「小学校修身教科用図書検定標準」が定められ、1894年頃から検定教科書の使用が広がった。代表的なものには、東久世通禧『尋常小学修身書』国光社（1894年）があるが、「教育勅語」に基づく徳目主義的なものであった。寺子屋の教科書としても使われていた『童子教』『実語教』、貝原益軒の『大和俗訓』『養生訓』を出典とする教訓も徳目の下に集められた。また、ヘルバルト[11]主義の影響から児童・生徒の興味を喚起するため歴史上の人物の善行や美談を収めた人物主義的な教科書も登場した。これらの教科書に対して、帝国

議会では「教育勅語」の趣旨に必ずしも沿ったものばかりではないと問題とされた。1896年2月には、貴族院において修身教科書の国費編纂と国定化が建議され、可決されたことを端緒に、衆議院も含め帝国議会で何度も建議されることになり、地方長官会議や全国連合教育会でも同様の建議が提出された。

　1900（明治33）年8月第三次小学校令が公布された。修身は尋常小学校、高等小学校ともに週2時間と規定された。小学校令改正と並行して同年4月に文部省は「修身教科書調査委員会」を設置し、教科書の編纂に着手していた。教科書は、文部省検定済の教科書の中から各府県に設置された「小学校図書審査委員会」の審査に基づき、府県知事が一括して採択するというものであった。教科書採択に権限を持つ府県当局者や審査委員と教科書会社の間では贈収賄などの不正行為が頻発して教科書疑獄事件と呼ばれた。1902年12月、大手教科書会社であった金港堂、普及舎、集英堂、文学者など20社が家宅捜索され、事件は全国1道3府36県に及び、出版関係者、知事、文部省視学官、図書審査委員、高等師範学校教諭、師範学校長・教諭、中学校長、高等女学校長、小学校長、県会議長など、多数の検挙者を出した。最終的には官吏収賄罪69名、恐喝取財犯1名、汚職職法違反1名、詐欺取財犯1名、小学校令施行規則違反44名、計116名の刑が確定し、多くの会社が教科書の被採択権を剥奪された。この結果当時の主要な教科書はほとんどが使用できなくなり、検定制度の継続は困難となった。1903年4月、文部省は第三次小学校令の一部改正を行い、小学校の教科書を国定とした。

　1903年、第1期国定教科書として『尋常小学修身書』、『高等小学修身書』が出版された[12]。天皇や国体についての徳目は全体の15.1％であった。ヘルバルト主義の立場からは、人物主義が徹底されず例話に訓示を添えている点、忠孝道徳に偏重している点が批判された。他方、「忠孝ノ大義」、「祖先崇敬」、「祭祀敬神」が欠如しているという批判もあった。

（3）「教育勅語」と国民道徳論

　日露戦争（1904-1905）後の社会的な混乱の中、1908（明治41）年に「戊申詔書」が発布された[13]。「勤倹」が奨励され、二宮尊徳の報徳思想が強調され

るとともに(14)、内務省による地方改良運動が起こった。これを契機に、それ以前にくすぶっていた教育勅語の改訂・追加・撤回論が影を潜め、その絶対性と永久性が強化された(15)。

　井上哲次郎は、日露戦争の勝因を「忠孝一本」という「国民道徳」にあると論じ、一家の父子間における孝が国家の君臣間における忠まで連続する「綜合家族制度」が日本の「国体」の特徴であるとした。そして、穂積八束、吉田熊次らとともに教育勅語を国民道徳の教典とする「国民道徳論」を展開した(16)。

　第2期国定教科書は、1910年4月より『尋常小学修身書』が逐次使用開始された。「国民道徳論」の影響により第1期には見られた近代市民倫理は後退し、「忠孝ノ大義」を強く打ち出し、「家」や「祖先」などの家族主義的な要素と「天皇」などの国家主義的な要素を結び合わせた家族国家観に基づく道徳が強調された(17)。たとえば、『尋常小学修身書巻四』「よい日本人」では「我等はつねに天皇陛下の御恩をかうむることの深いことを思ひ、忠君愛国の心をはげみ、皇室を尊び、法令を重んじ、國旗を大切にし、祝祭日のいはれをわきまへて、よい日本人にならうと心がけなければなりません。日本人には忠義と孝行が一ばん大切なつとめであります。」と書かれていた。そして1年生の教科書では、日清戦争で被弾して戦死しても突撃ラッパを口から離さなかったという木口小平の「美談」は、第1期の「ユーキ」（勇気）から「チューギ」（忠義）の主人公へと改作され、国家のために自らの命をかけて戦争を遂行することが「忠義」であると教え込まれることになった(18)。

第3項　大正自由教育期の道徳教育

（1）大正自由教育と修身

　このように明治40年代に確立をみた「忠君愛国」の修身は、子どもの自発性や自治を尊重する大正自由教育期においてどのように変化していくのであろうか。谷本富は、封建道徳の注入による臣民の育成から「自治思想の独立を有し且つ富資に貢献する公民」(19)の育成に国民教育を転換することを主張した。これは、国家の帝国主義的発展をより一層進め、天皇制を基盤とした「共存同衆社会」を建設することを目的とするという時代の制約を受けたものであったが、

自学主義や活動主義にもとづく修身科の改造という方法的な革新を促す意義があった[20]。

1914（大正3）年、澤柳政太郎は、「特設科としての修身教授は尋常四年より始むべきの議」を発表し、尋常4年までは「必要に応じて断片的の教訓を為し以て纏りたる修身教授を為す準備期」と主張した。これに対しては、各方面から賛否が寄せられ、修身教授の方法や工夫の議論の端緒となった。

（2）手塚岸衛と木下竹次の「修身」

手塚岸衛は、『自由教育真義』において、徳目は必ずしも教科書の順ではなく、「児童の実生活中に機会を求めて之を取り扱ひ最後に系統を付す」こと、「児童相応の道徳的葛藤に対し、相互に判断し解決」する生きた教材を付け加えること、「生活訓育の実践は自治」[21]によることなどを示した。児童の生活や自治を重んじる自由教育の実践として、尋常2年生の「くふうせよ」という教材で、子どもたちが家で工夫してつくってきた品物を見せ合い、話し合う実践や、高等科2年女子が女子師範学校への進学を希望するが家族の反対にあうという葛藤を描いた高等科1・2年用の教材について話し合う実践を発表した[22]。

木下竹次は、『学習各論』において、「道徳は生の要求に基づく」こととした。しかし、「修身は教育に関する勅語の体得に努むべきことは勿論のこと」、「毎日皇運を扶翼し奉る所の念願を心頭にかけて努力すべし」、「戊申詔書と日独講話の詔勅と国民精神作興の詔書を深く省察することを忘れてはならぬ」と述べた。彼は、「封建時代の忠孝は受動的」、「立憲時代の忠孝は発動的」とし、「発動的の忠孝は自ら進んで捧げる忠孝で命ぜられて行う忠孝では無い」とした[23]。ただし、大正デモクラシーの影響も受け「国際協同主義」についても触れていた[24]。学習方法としては「独自学習」「分団相互学習」「学級相互学習」という学習法を修身においても実践した。

（3）川井訓導事件

1924（大正13）年9月松本女子師範学校附属小学校尋常科4年担任の川井清一郎訓導が、修身の授業で、森鴎外の「護持院ヶ原の敵討」を教材とし、国定

教科書を使用していなかった点を、視察に来ていた東京高等師範学校教授樋口長市が問題とした[25]。川井はその後休職処分となり、退職した。この事件は、「川井訓導事件」と呼ばれ、これを契機に大正自由教育運動は下火となる。1925年には治安維持法が制定され、その後は社会主義だけでなく自由主義まで取り締まりの対象となっていく。

第4項　15年戦争期の道徳教育

（1）皇国民錬成のための修身教育

1931（昭和6）年の満州事変以降は、戦争の遂行と修身教育は一体化して動いた。1934年の『国防の本義と其教化の提唱』[26]では国防教育が唱えられ、天皇機関説[27]を排撃する動きの中で、政府は1935年の国体明徴声明を発表した。1936（昭和11）年の教学刷新評議会答申では、我が国においては「祭祀」、「政治」、「教学」は根本において不可分であり、学校は国体の修練の場と位置付けられた。この答申は1937年に設置された教育審議会に引き継がれた。

1937（昭和12）年3月には文部省思想局より、「大日本帝国は万世一系の天皇皇祖の神勅を奉じて永遠にこれを統治し給ふ。これ我が万古不易の国体である」[28]と始まる『国体の本義』が発行された。これにより「今日我が国民の思想の相剋、生活の動揺、文化の混乱は、我等国民がよく西洋思想の本質を徹見すると共に、真にわが国体の本義を体得することによってのみ解決せられる」[29]と、当時の社会問題の解決の手段として「国体の本義」の体得が強調された。1938年の国家総動員法による総力戦体制により、ますます戦争遂行に教育が従属していった。

1941年には『国体の本義』の「姉妹編」、「実践編」として『臣民の道』[30]が出版された。1941年3月に制定された国民学校令により、国民学校の目的は「国体の精華と臣民の守るべき道との全体」を意味する「皇国ノ道」の修練とされた。

『道徳教育』では、1933年8月に「日本精神研究号」が、『修身教育』では、1939年4月に「大東亜建設への修身訓練合」が、1940年1月には「皇国民錬成の修身教育」が特集された[31]。

（2）第4期・第5期国定教科書

　1934（昭和9）年より、第4期国定修身教科書の使用が開始された。この教科書は、教育勅語の趣旨に基づき、「国体観念ヲ明徴ナラシム」ことが編纂の方針とされた(32)。たとえば、2年生に、「テンノウヘイカハ、ツネニ、シンミンヲ、子ノヨウニオイツクシミニナッテイラッシャイマス。」と教え、そのありがたい恩恵を受けていることに幸せと感じるようにと教化した。また、6年生用の教科書では、「我等国民が神と仰ぎ奉る天皇は、天照大神の御裔であらせられ」と天皇を神格化した。

　第5期国定教科書においては、国家倫理教材の割合が急激に増大した。すなわち、第1期の15.1％から第4期の19.8％まで少しずつ増えてきていたが、第5期では、37.8％まで増大した(33)。叙述は、口語体となり、「季節、年中行事等児童の生活と直結した教材の中に、知らず知らずのうちに神国観念、皇国思想、臣民的自覚をうながす」心情的な配慮がなされていた(34)。「国史がことばでかたり伝へられる前から、神の国日本は続いてゐます。伊弉諾尊・伊弉冉尊の国生みのはじめから、大日本は生々発展の国として、さかえて来ました」と、日本は神国であると教えた。また、「今、日本はアメリカやイギリス、そのほかの国々を相手として、戦争をしてゐます。昭和十六年十二月八日、宣戦のみことのりをいただいてから、皇国の臣民は、ひとすぢに大御心を奉体し、君のため国のためにつくさうと、かたく決心したのであります」と、太平洋戦争に自ら加担するのが理想の国民とした(35)。

　また、「他国の名誉を傷つけ、自国のためばかりをはかるのは、大きな罪悪」とし、このような国があれば、「それは世界の平和をみだすものであつて、私たち皇国臣民は、大御心をやすんじたてまつるため、断乎としてこれをしりぞけなかればなりません。大東亜戦争は、そのあらはれであります。大日本の真意を解しようとしないものをこらしめて、東亜の安定を求め、世界の平和をはからうとするものであります」(36)と書いた。このようにアジア・太平洋戦争を、「八紘一宇」の「肇国の精神」(37)、八紘為宇の精神を実現するものとして、正当化し美化した。

　教師用書では、国民科修身の指導の重点として、「祭祀の意義を明らかにし、

敬神の念」を涵養することや、「国体の精華を発揮し得るやうに遵法・奉公の精神」を涵養することなどが示された(38)。このように国民科修身の教科書による修身教育は、祭祀、儀式、行事と合わせて一体として教化することにより、皇国民として錬成することをめざすものであった。

〈注〉
（1）「学制」による公教育制度の出発にあたり、寺子屋などでの教授法である「個別指導法」ではなく、一人の教師が学級全体に教える「一斉教授法」を身に着けた小学校教師が求められた。このような教師を養成するために東京に設置された日本で初めての官立の師範学校が、東京師範学校である。
（2）伊藤博文「教育議」教学局『教育に関する勅語渙発五十年記念資料展覧図録』内閣印刷局、1941年、90頁。（国立国会図書館デジタルコレクション所収）。
（3）元田永孚「教育議附議」同上、91-92頁。
（4）『文部省布達 明治十二年～明治十四年』1881年。（国立国会図書館デジタルコレクション所収）。
（5）石塚恵子「福沢諭吉の道徳論」東京女子大学学会史学研究室『史論』19、1968年、55頁。
（6）片桐芳雄『自由民権期教育史研究』東京大学出版会、1990年。自由民権運動に参加した教員には、激化事件の一つである静岡事件（1886、明治18年）に参加し、翌年授業中に逮捕された小池勇もいた。
（7）今泉朝雄「森文政期師範学校寄宿舎とその変化」日本大学教育学会『教育學雑誌』(38)、2003年、35頁。
（8）国立教育研究所『日本近代教育百年史 教育政策（1）』1973年、171-172頁。
（9）貝塚茂樹「教育勅語は道徳教育の『源流』たり得たのか」教育思想史学会『近代教育フォーラム(24)』2015年、58頁。
（10）「教育勅語」の奉読とともに最敬礼が義務付けられていた天皇の写真や肖像画が「御真影」である。「教育勅語」と「御真影」は奉安殿に納められ、その前を通るときも服装を正して最敬礼していた。
（11）ヨハン・フリードリヒ・ヘルバルト（1776－1841）。ドイツの哲学者、心理学者、教育学者。教育の目的を倫理学から導き、「品性の陶冶」すなわち道徳性の確立とした。また、教育の方法を心理学から導き、教授の目標を、「多方興味」の喚起においた。

(12) 修身教科書調査委員会において編纂。加藤弘之委員長、高峰秀夫、井上哲次郎、澤柳政太郎など11名の委員、中島徳蔵、吉田熊次、乙竹岩造、平出鰹二郎が起草嘱託として参加した。
(13) 千田栄美「戊申詔書の発布とその反響」教育史学会紀要『日本の教育史学』44号、2001年、40-57頁。
(14) 二宮尊徳（1787～1856）は、全国600ヶ村の復興、飢饉救済、財政再建の指導に生涯をかけた江戸時代後期の農政家、経世家であり、報徳思想を唱え、多くの弟子を育てた思想家である。戦前の国定修身教科書に登場する回数、課数が、明治天皇に次いで2番目に多い人物でもある。しかし銅像も含め教科書で描かれた少年像は、勤労は父の死後の13～14歳からであったことなど、必ずしも実際と同じではないと言われている。戦後、どんな人物か教えられることが少なくなり、取り残された二宮像は、誰もいない夜の学校で一人走り回ると語り継がれるなど「学校の怪談」の対象となる。また、最近は、歩きながら本を読む姿が「歩きスマホ」を助長するという理由から、座って本を読む姿に変化したところもある。
(15) 貝塚茂樹（2015）前掲論文、58頁。
(16) 江島顕一「明治期における井上哲次郎の『国民道徳論』の形成過程に関する一考察」慶應義塾大学大学院社会学研究科『慶應義塾大学大学院社会学研究科紀要』(67)、2009年、15-29頁。『丁酉倫理会倫理講演集』1月15日号、1906年、79-83頁。文部省編『国民道徳ニ関スル講演』1911年。
(17) 貝塚茂樹監修『文献資料集成　日本道徳教育論争史——第Ⅰ期　近代道徳教育の模索と創出——第3巻国定修身教科書の成立（第一期・第二期）と修身教育』日本図書センター、2012年、11頁。
(18) 中内敏夫『軍国美談と教科書』岩波新書、1988年、97-99頁。
(19) 谷本富『新教育講義』六盟館、1906年、310頁。
(20) 岩本俊郎「大正自由教育と修身教育」『立正大学人文科学研究所年報　別冊（4）』立正大学人文科学研究所、1983年、98-106頁。稲葉宏雄『近代日本の教育学：谷本富と小西重直の教育思想』世界思想社、2004年。
(21) 手塚岸衛『自由教育真義』東京実文館、1922年、179頁。
(22) 同上書198～219頁。
(23) 木下竹次『学習各論』玉川大学出版、1972年（原著は1926～29年）、232、241、242頁。
(24) 1918（大正7）年に発行された第三期国定教科書では、国際協調、平和主義、民主主義の記載があり、「公民の務」、「公益」、「衛生」などの公民的な内容や、国際協調の意義を説く「国交」などの項目を含んでいた。

(25) 永井優美・橋本美保・近藤めぐみ「樋口長市の生活教育論：生命思想の影響に着目して」『東京学芸大学紀要　総合教育科学系』66(1)、2015年、67-78頁。
(26) 『国防の本義と其強化の提唱』陸軍省新聞班、1934年。「非常時局に対する覚悟」を促し、「全国民が国防の何物たるかを了解」させる目的で配布。「国家の有する国防要素をば国防目的のために組織運営する政策」として、思想、軍備、経済を統制する政策を提唱した。
(27) 戦前の日本憲法学において、立憲主義による国家権力の拘束を強めようとする学説が天皇機関説で、拘束を弱めようとする天皇主権説と対立していた。大正デモクラシーの影響もあり、美濃部達吉の天皇機関説が当時は定説となっていた。(富塚祥夫「佐治謙譲の憲法学的国家論における日本的独自性強調の論理」関東学院大学経済学部教養学会『自然・人間・社会／関東学院大学経済学部教養学会』58号、2015年
(28) 文部省編『国体の本義』1937年、9頁。(国立国会図書館デジタルコレクション所収)。
(29) 同上書、6頁。
(30) 文部省教学局編『臣民の道』内閣印刷局、1941年。「教育勅語」の延長戦にある『国体の本義』と『臣民の道』は、個人主義、自由主義を完全に否定し、家族国家を強調した。
(31) いずれも1932（昭和7年）に刊行された修身教育の雑誌である。
(32) 文部省編『尋常小学修身書巻一編纂趣意書』東京書籍、1934年、2頁。(国立国会図書館デジタルコレクション所収)。
(33) 唐澤富太郎『教科書の歴史』創文社、1956年、486頁。
(34) 同上書、488頁。
(35) 文部省編『初等科修身　三』1943年、117-123頁。(国立国会図書館デジタルコレクション所収)。
(36) 文部省『初等科修身　三』1943年、99-101頁。
(37) 「八紘為宇」とは、四方四隅の世界をすべて天皇のもとに一つの家とするという意味で、天孫降臨の神話により国がはじまって以来の精神とされ、大東亜共栄圏建設のスローガンであった。
(38) 文部省『初等科修身　三』教師用、1943年、18-21頁。(国立国会図書館デジタルコレクション所収)。

第2節　戦後初期の道徳教育

第1項　占領政策と文部省の方針

(1) 文部省「新日本建設ノ教育方針」とGHQ「四大教育指令」

　1945（昭和20）年9月文部省は「新日本建設ノ教育方針」で「国体ノ護持ニ努ムルト共ニ軍国的思想及施策ヲ払拭シ平和国家ノ建設」[1]めざすとした。文部省は同月「終戦ニ伴フ教科用図書取扱方ニ関スル件」を、そして、1946（昭和21）年1月に「国民学校後期使用図書中ノ削除修正個所ノ件」の通達を出し、戦後不適当とされる部分を削除するように指示し、いわゆる「墨塗り教科書」が使用されることとなった。府県、師範学校附属小学校、教育界なども独自に墨塗りをする箇所を指定した。

　1945年8月14日勅諭によりポツダム宣言を受諾した日本は、9月2日降伏文書に調印した。この後、1951年9月8日にサンフランシスコ講和条約に調印し、1952年4月28日に発効するまでの6年8か月の間、日本は連合国の占領下におかれた。占領政策を実施した連合国軍最高司令官総司令部（General Headquarters, the Supreme Commander for the Allied Powers）[2]は1945年10月に「日本教育制度ニ対スル管理政策」、「教員及教育関係官ノ調査、除外、認可ニ関スル件」、12月に「国家神道、神社神道ニ対スル政府ノ保証、支援、保全、監督並ニ弘布ノ廃止ニ関スル件」、「修身、日本歴史及ビ地理停止ニ関スル件」という、いわゆる「四大教育指令」を発令した。これを受け文部省は1946年2月に「修身、国史及ビ地理教科用図書ノ回収ニ関スル件」を出し、当該教科の教科書が回収された。さらに、7月には戦前戦中の教科書は全て使用禁止となった。停止された3教科に関しては、6月には暫定教科書によって地理が、10月には日本歴史が再開されたが、「修身」を再開することはなかった。

(2) 公民教育刷新委員会と米国教育使節団

　1945年11月には文部省は「公民教育刷新委員会」を設置し、12月に答申を出

した。これは、GHQの許可を得られず公表はできなかったが、社会科前史という意義(3)と道徳と社会認識を結合し「修身科」に代わる教科を構想したという意義(4)の二つを持っていた。しかし、「わが国民教育が『教育勅語』の趣旨に基づいて行われる限り公民教育もその立場にたって行われるのはいうまでもない」という方針に立っていた。また、1946年2月に設置された公民教育要目委員会も「社会理想」の領域の第5学年に「教育勅語」の単元を入れた「中等学校公民科教材配当表」を作成していた。同年9月に『国民学校公民教師用書』、10月には『中等学校・青年学校公民教師用書』を文部省は発行した。しかしながら、民間教育情報局（CIE）は、「修身科」に代わるものとしての「公民科」の設置方針を、「公民科」を内包するような総合教科としての「社会科」の設置へと方針を転換するように指示した。

　1946年に来日した米国教育使節団(5)の報告書は、修身は「順良な公民」をめざすものであったが、「不正な目的」と結びついたため停止されたこと、「日本が民主主義的になるのなら、民主主義的な倫理が当然教えられるものと思う。…平和について教えられ、民主主義の方向に向けられさえすれば、その教え方は日本人に任せておいていい」(6)と指摘した。また、「勅語勅諭」(7)を儀式に用い、「御真影」(8)に敬礼することは、「生徒の思想感情を統制する力強い方法であって、好戦的国家主義の目的に適っていた」と停止の理由を述べ、このような儀式は「人格の向上に不適当で、民主主義的日本の学校教育に反する」と報告した(9)。

（3）「教育勅語等」の取り扱い

　1946年8月、内閣総理大臣のもとに「教育刷新委員会」を設置し、教育の基本理念とともに教育勅語の取り扱いを検討した。10月、文部省は「勅語及詔書等の取扱について」を出し、儀式において勅語及び詔書を「読まない」こと、教育勅語をもって「唯一の淵源」とみなす考えを取り去ること、「神格化」するような取り扱いはしないことが通達された。

　しかしながら、これは「教育勅語」の内容及び存在そのものを否定するものではなく、1947（昭和22）年3月に教育基本法が成立した後も、教育勅語の地

位はあいまいであった。1948（昭和23）年6月に衆議院で「教育勅語等排除に関する決議」が、参議院で「教育勅語等の失効確認に関する決議」が採択された[10]。

第2項　社会科と道徳教育

（1）1947年版学習指導要領と「修身科」復活論議

　1947年と51年の学習指導要領で示された社会科は「初期社会科」と呼ばれている。この時期は学校における道徳教育は社会科をはじめ各教科等の教育活動の全体を通して行うこととされていた。初期社会科では、道徳教育がどのように位置づけられていただろうか。1947年文部省は、「新しく児童の要求と社会の要求とに応じて生まれた教科課程をどんなふうにして生かして行くかを教師自身が自分で研究して行く手びき」として『学習指導要領一般編（試案）』[11]を発行した。『学習指導要領社会科編Ⅰ（試案）』は、重松鷹泰委員長と上田薫ら3名の文部省の小学校担当の社会科委員会が、CIE[12]のハークネス（K.M. Harkness）の指導を受けながら、1943年に改訂されたヴァージニア州の教育課程であるヴァージニア・プランを翻訳・参考にして作成した。その学習指導要領にはまた、『国民学校公民教師用書』の「生活指導事項」を参考に、日本的な儒教倫理に関わる「衣食住についての基本的なしつけ」の単元が付け加えられていた。たとえば1学年の目標に、「すべての生きものは、親のおかげを受けていること」を理解することを加えるなどし、「父母・兄姉及び教師の言いつけに従う」という学習活動例などを追加した[13]。

（2）修身科復活論議と教育課程審議会答申

　1950（昭和25）年8月第二次米国教育使節団が来日し、9月に報告書[14]を提出した。その報告書で使節団は、人格の道徳性を社会的行為に照らして測るという道徳観を示し、道徳教育は社会科だけでなく全教育課程を通じて行うべきと指摘した。文部大臣の天野貞祐は1950年11月7日、全国都道府県教育長協議会において、「修身科」の復活を示唆し、「みんなが心から守れる修身を、教育要綱といったかたちでつくりたい」と発言した。これは大きな波紋を呼ぶが、

11月26日の朝日新聞では、「とかく単なるお説教となる傾向」があった戦前の「修身科」に復帰することではなく、「すでに社会科は修身科より一歩進めたもの」であり「ややもすれば個人道徳に止まりがちな従来の修身よりははるかに広い展望」を持っている。しかし「遺憾ながら十分その成果をあげていない。そこでこれまでの修身科と社会科とを契機としてここに新しい道徳教育の工夫」を呼びかけたものと、その発言の趣旨を説明した。12月8日の読売新聞「修身科復活是か否か」と題する紙上討論形式で投書を募ると総数755通の当初のうち約64％の482通が賛成の投書であった[15]。

1951（昭和26）年1月、天野文部大臣から諮問を受けた教育課程審議会は「道徳教育振興に関する答申」を提出した。その答申は、「道徳教育は、学校教育全体の責任である。……全教師はその指導の責任を自覚しなければならない」、「道徳教育を主体とする教科あるいは科目を設けることは望ましくない」とし、「修身科」復活を否定するとともに、「社会科その他現在の教育課程に再検討を加え」、「道徳教育計画の体系」を確立することの必要性を示した[16]。

（3）51年版学習指導要領と『道徳教育のための手引書要綱』

文部省は1951（昭和26）年には改訂版として『小学校学習指導要領社会科編（試案）』を発行した。ここでは、社会科で養おうとする態度は、「民主的な社会生活における人人の道徳的なありかた」であるとし、「社会科における道徳教育の観点」として、次の4点を示した。すなわち「豊かで重厚な人間性」、「統一のある生活態度」、「清新で明るい社会生活を営む態度」、「創造的な問題解決に必要な力」である。その四つの観点ごとに、たとえば「法や規則をじぶんたちのものとして尊重するとともに、合法的なやり方でそれを改善する努力をはらうこと」や「民主的生活に必要な礼儀を守り、尊敬や感謝の念をもつこと」など民主主義社会の市民道徳に関わる30のねらいが示された[17]。また、同年、文部省は『道徳教育のための手引書要綱』を発行した。そこでは、道徳教育の「目的として内容とするものを民主主義的なものにしなくてはならないことはいうまでもない」と指摘した上で、新しい教育理念から要求される指導の方法として、「児童生徒の生活経験を尊重し、かれらの直面する現実的な問題の解

決を通じて、道徳的な理解や態度を養おうとする指導法」の重要性が強調された(18)。

第3項　戦後初期の道徳教育実践の諸相

(1) コア・カリキュラム連盟

　1948（昭和23）年10月東京文理科大学教授石山脩平を代表にコア・カリキュラム連盟が結成され、機関誌『カリキュラム』や研究大会を中心に全国的にカリキュラム改造運動が展開された。天野文相の発言をきっかけとした修身科復活論議に対して、1951年1月号で道徳教育についての特集が組まれた。東京教育大学教授梅根悟は「道徳教育とカリキュラム―修身科復活論を排す―」という論稿において、戦前の修身と戦後の社会科学習指導要領の違いは、「極端な国家主義的な道徳が除かれていること、そして民主的な社会生活のための倫理が強調されていること、この二点以外にはない」と述べた。そして、天野が望む「修身科と社会科とを契機としてここに新しい道徳教育」を作っていくことの実体は「社会科をもっと国家主義的なもの、もっと封建的なものに逆戻りさせようということに他ならない」(19)と反対の立場を示した。

　さらに、1947年の『学習指導要領社会科編Ⅰ（試案）』の原案を前年度末に文部省から貸与され、作業単元の実験授業を行った「桜田プラン」で有名な東京都港区立桜田小学校の教師であった樋口澄雄は「現に道徳教育は行われている―指導ある場を現場に拾う―」の論稿で、今日の学校で現れた新しい道徳教育実践の姿を示し、「修身科乃至それに類する特設の時間なり教科」をおくならば、「多くの教師達は学校生活の片すみにコチコチの道徳学問の時を持って、生活それ自体が持つよりよい、より広い道徳教育の時を失する結果になり果てる」と警鐘を鳴らした。紹介された11の事例は次の四つに分類できる。すなわち、①社会科の単元学習の中で自主的に道徳を学ぶ例、②理科の実験や栽培・飼育の実習などその他の教科での活動を通して努力や協力の大切さを学ぶ例、③学校生活全体の中で、身なりを整える、物を大切にするという習慣を形成している例、④子ども銀行や道路清掃の奉仕活動など家庭や地域での生活の中で学ぶ例である。社会科の事例では、次が紹介された。「放送ごっこ」で馬の足

音の擬音を担当した5年生のKが、その責任を誰よりも上手に果たし、今まで彼をやや白眼視していた友達にも認められた。孤立していた子どもが友達の輪に入り、自立していった（桜田小学校）。「買い物ごっこ」の中で、自分本位の立場からお客さんの立場へと視点を転換していく姿、挨拶や礼儀から近代的な経済生活の初歩的な道徳律まで学んでいく姿などである。（長野県上諏訪の高島小学校）[20]。

（2）「山びこ学校」

　戦後初期の社会科を中心とした全教育課程における道徳教育実践として、コア・カリキュラム連盟の他に注目すべきものとしては、生活綴方を活用した生活教育がある。代表的なものとして『山びこ学校』[21]は、1951（昭和26）年3月に出版された山形県の山村にある山元中学校生徒の生活綴方集である。当時21歳であった青年教師無着成恭は1948年に着任し、1年生の担任となった。2学期から「本当の生活を知るため」「よりよい生活を建設することができるようになるために自分の生活をはだかのままに出し合って」[22]勉強するために、生活綴方に取り組む。「生活を勉強するための、本物の社会科をするための綴方」[23]の指導が始まったのである。そして、1949（昭和24）年頃の2年生になった生徒の作品を編集し発行したのが『山びこ学校』であった。農山村に生きる百姓の生活をリアルに書いた綴方をめぐり、「百姓は働く割合に儲からない」「ほんとに百姓は割損なのか」など、自らも生産労働の担い手でもある中学生にとっても切実な問題について話し合う。その結果、「百姓の割損は、単に耕地が狭いからではなく、人間関係のゆがみ（封建制）にも起因すること」をつきとめ、「割損を克服するためにも農民同士がもっと力を合わせて共同すること、また農業生産に科学的な知見を取り入れ機械化していくことの重要性を自覚していく」実践であった[24]。（本講座第7巻第2章参照）

　藤井千春は、デューイの「公共性」、「公衆」という概念に照らしてこの実践を分析し、「生徒たちに、日常生活で直面する問題が、村全体の利益に影響を及ぼす『公共的な』問題であると認識させ、自分たちのとるべき『公衆』としての行動や態度について、村の全体の生活にとっての共通の利益に基づいた観

点から考えさせた」[25]とその教育的意義を高く評価する。そして、「村の全体の利益をめざし、そのために問題解決に知性的に、また協同的に取り組むという能力や態度を育てた」、これは「『生き方の倫理』と『生き方の論理』の統一的な育成である」と指摘する。この点で「山びこ学校」の実践は、社会科や作文教育としてだけでなく道徳教育実践としても高く評価されるものと言える。無着は生徒の綴方の「背後にある思考や認識のあり様、すなわち生活に対する主体的な姿勢・積極的な生き方の問題」[26]をとらえ、表現や描写を指導する。それとともに、「それを材料にして、共同討議させ、正しい疑問を育て、まちがった思考や歪んだ観察をただし、かれら自身の生活のなかで、ほんものの生き方を発見させるてがかりにする」[27]。このように、綴方指導と、社会科的な共同討議を統一することにより、生徒の主体性を育てたのであった。

（3）報徳教育と福沢プラン

戦後初期の道徳教育実践の諸相として、もう一つ触れておきたいのが福沢プランである。福沢小学校は、戦後直ちに神奈川県の研究指定校となり、石山脩平、重松鷹泰、長坂端午らの指導を受けて新教育に着手し、自由研究、社会科の研究を発展させ、生活カリキュラムを展開した。また、村との協働で農村地域学校として発展していった。また、この村は二宮尊徳の生地の隣村であり、報徳の教えの伝統が根付いていて、戦前の修身教育との連続性も捉えることができるところに特徴がある[28]。

福沢小学校では民主主義の本質を「個人と社会との関係から、社会に対する、個人の自由を要求すると共に、個人に対する社会の統制、責任が要求され、社会に対して個人の平等性を持って主張されると同時に個人に対する社会の秩序、個人の社会に対する義務が要求される」ととらえた。そして、民主主義の教育は、「自由主義、個人主義」と「人道主義、社会主義」の二律背反を超克する「文化創造の教育そのもの」であり、「実践的生活態度、生活様式そのもの」ととらえた[29]。そこで、「子供自身の成長のためにはあらゆる彼等の生活の場にその契機」があり、「学校を中心とする社会とのつながり」、「学校の教師の意図を汲んで参画する社会の人々の組織」が重要となると考えた。戦後に立て

られた「至誠実行」、「勤労創造」、「分度自律」、「推譲協同」というめあてには、「至誠実行」、「勤労・分度・推譲」という報徳思想と「個性」、「自発性」、「自由」や「社会性」などの民主主義の原理が統一されていた。

　福沢小学校の生活カリキュラムは、「社会問題を中心とする学習」を中心課程とし、その周辺に児童の現実生活問題解決を扱う「生活律動的課程」、と家庭や地域での生活を含む「基盤組織」をその順に位置づけたコア・カリキュラムである。「基盤組織」における「日常生活態度要素表」（3年）の月別生活題目は、「個人生活」の中で「どうしたら決まり正しい生活ができるでしょう」、「家庭生活」で「はきはきした態度にどうしたらなれるでしょう」、「学校生活」で「あなたも友達もかげひなたのない生活をする」、「部落の生活」で「どんなことが人のためにつくせるでしょう」、「地域社会の生活」で「節度のある生活はどんな生活でしょう」と設定していた。そこでは、「習慣的生活態度から自覚的生活態度」へと転換させる指導が強調された[30]。

　福沢小学校の教師は、学級、部落、学校の三つの担任であるとされた。「母子常会」として「部落担任の指導の下に、母親が参画して、子どもの自治会が開かれる」。ここに報徳教育の継承が見られる。「母子常会」では、児童の自治的な運営の下、学校や村の生活で立派な行いをした「感心な人」の紹介と称賛、運動会での村別対抗競技の練習と勉強や家の手伝いとの両立の問題解決や、共同で栽培した農作物の世話や収益の使い道、道路清掃の場所と時間などを討議し、教師や母親、地域の婦人の助言も得ながら、自主的に決定していた。また、開始時間前はみんなで声を合わせて歌い、討議が終わると子どもたちの合唱や演奏、先生の紙芝居なども披露された。子どもたちが解散した後は、教師と母親、地域の夫人との1～2時間の話し合いが持たれた。議題は、蟯虫検査結果の報告や運動会の運動服を協力して製作する相談などであった[31]。

　戦前戦中期にはファシズム運動を推進する役割を担う面もあった報徳運動であったが、GHQのダニエル・C・インボーデン少佐が、「尊徳二宮金次郎こそは、近世日本の生んだ最大の民主主義的な―私の見るところでは、世界の民主主義の英雄、偉人と比べいささかの引けもとらない―大人物である」[32]と評価したこともあり、戦前の修身教育の継承が行われていた。

〈注〉
（1）「新日本建設ノ教育方針」、文部科学省 HP、「学制百年史資料編」（http://www.mext.go.jp/b_menu/hakusho/html/others/detail/1317991.htm）2017年3月7日閲覧。
（2）英語の略称は GHQ/SCAP、本書では GHQ と略記する。
（3）片上宗二『敗戦直後の公民教育構想』教育資料出版、1984年。
（4）貝塚茂樹「占領期の『公民教育構想』の変容とその意義──道徳教育史研究の視点から──」教育史学会機関誌編集委員会編『日本の教育史学』35、1992年、107-121頁。
（5）GHQ の求めにより1946年と1950年の2度来日し、報告書を作成、提出し、CIE と文部省に戦後日本の教育改革の方向性を勧告した。GHQ はまた、米国教育使節団に協力することを任務とした日本側教育家委員会を設置した。
（6）米国教育使節団、文部省訳『聯合国軍最高司令部に提出されたる米国教育使節団報告書』東京教育局、1946年、20頁（国立国会図書館デジタルコレクション所収）。
（7）前節でも触れた通り、学校儀式等を通して国民教育に大きな影響を与えた。「教育勅語」、「戊申詔書」、「国民精神作興に関する詔書」などがある。
（8）前節でも触れた通り、「教育勅語」の奉読とともに最敬礼が義務付けられていた天皇の写真や肖像画が「御真影」である。「教育勅語」と「御真影」は奉安殿に納められ、その前を通るときも服装を正して最敬礼していた。
（9）米国教育使節団、前掲書34頁。
（10）5月に GHQ 民政局が国会で教育勅語の廃止決議を行うように、衆議院文教委員長松本淳造と参議院文教委員長田中耕太郎に、口頭で要求したことにより、6月の決議に至ったことが、田中耕太郎の回顧や GHQ/SCAP 文書、ウィリアムズ文書から推測される。民政局（Government Section、略称は GS）は、戦争犯罪人、戦争協力者の公職からの追放、GHQ 憲法草案の作成、財閥解体などを行った GHQ の部局。
（11）国立教育政策研究所「学習指導要領データベース」（https://www.nier.go.jp/guideline/s22ej/index.htm）2017年3月7日閲覧。
（12）CIE (Civil Information and Education Section) は、教育、各種メディア、芸術、宗教に関する占領政策を担った GHQ の部局。
（13）木村博一「『学習指導要領社会科編 I（試案）』の戦後日本的特質：社会科における民主主義と道徳教育をめぐって」、全国社会科教育学会編『社会科研究』（40）、133-142頁、1992年などの論文や木村博一『日本社会科の成立理念とカリキュラム構造』風間書房、2006年に詳しい。
（14）『第二次米国教育使節団報告書（抄）』、貝塚茂樹『道徳教育の教科書』日本図書センター、2009年、195頁所収。

(15) 同上書、51頁及び196頁所収の天野貞祐「私はこう考える——教育勅語に代わるもの——」『朝日新聞』1950年11月26日。
(16) 教育課程審議会「道徳教育振興に関する答申」(昭和26年1月4日)。
(17) たとえば2017年3月に告示された「小学校学習指導要領」の「特別の教科 道徳」では、法やきまりに関する内容項目は、「法やきまりの意義を理解した上で進んでそれらを守り、自他の権利を大切にし、義務を果たすこと」のように、遵守することのみが強調され、民主的にそれを改善していくという視点はない。また、感謝についても、「日々の生活が家族や過去からの多くの人々の支え合いや助け合いで成り立っていることに感謝し、それに応えること」と親や祖先との上下関係で感謝が語られるが、1951（昭和26）年に示されたねらいは、民主的生活の中で対等平等な相手に対する礼儀・尊敬・感謝が語られているのが特徴である。
(18) 文部省『道徳教育のための手引書要綱』1951（昭和26）年。これは当時文部省に在職していた上田薫が書いたものである。上田薫は1951年版の小学校学習指導要領社会科編の作成委員である。
(19) 梅根悟「道徳教育とカリキュラム——修身か復活論を排す——」、コア・カリキュラム連盟編『カリキュラム』1951年1月号、13-15頁。
(20) 樋口澄雄「現に道徳教育は行われている——指導ある場を現場に拾う——」同上書、24-27頁。
(21) 無着成恭『山びこ学校』青銅社、1951年（これを復刊したものが無着成恭編『山びこ学校』岩波書店、1995年）。
(22) 『山びこ学校』1995年、309頁。
(23) 『山びこ学校』1995年、313頁。
(24) 谷川とみ子「無着成恭と生活綴方」、田中耕治編著『時代を拓いた教師たち』日本標準、2005年、37頁
(25) 藤井千春「『山びこ学校』の教育的意義の再評価——ジョン・デューイの『公共性』概念を観点にして——」早稲田大学教育・総合科学学術院『学術研究（人文科学・社会科学編）』第63号、2015年、1-17頁。
(26) 菅原稔「無着成恭編『山びこ学校』の成立とその反響——戦後作文・綴り方教育成立史研究——」『岡山大学大学院教育学研究科研究集録』第138号、2008年、70頁。
(27) 臼井吉見「『山びこ学校』訪問記」『展望』1951年6月号、41頁。
(28) 石山脩平指導、福沢小学校編『農村地域社会学校』金子書房、1951（昭和26）年。須田将司・武藤正人「戦後福沢国民学校における報徳養育の再評価：民主主義・民主教育への『転回』」『東洋大学文学部紀要教育学科編』37号、2011年、39-59頁。須田将

司「戦前・戦後の教育実践を語る——報徳教育・福沢プラン・井上喜一郎」『東洋大学文学部紀要教育科学編』38号、2012年37-52頁。
(29) 『農村地域社会学校』125頁。
(30) 『農村地域社会学校』200-204頁。
(31) 『農村地域社会学校』336-354頁。
(32) ダニエル・C・インボーデン「『二宮尊徳を語る』新生日本は二宮尊徳の再認識を必要とする」『青年』1949年10月号。加藤仁平『報徳に生きる』日本図書文化協会、1955年。

〈推薦図書〉
貝塚茂樹監修『文献資料集成　日本道徳教育論争史』（第Ⅰ期・第Ⅱ期・第Ⅲ期）日本図書センター、2012～2015年。
江島顕一『日本道徳教育の歴史——近代から現代まで——』ミネルヴァ書房、2016年。
片山宗二『日本社会科成立史研究』風間書房、1993年。
上田薫『上田薫著作集6 道徳教育論』黎明書房、1993年。

第3節　特設道徳から特別教科化へ

　2015（平成27）年3月27日に学校教育法施行規則の一部を改正する省令が制定され、学習指導要領の一部改訂が告示された。小学校、中学校の教育課程の中に、道徳を「特別の教科」として、位置付けるためである。これにより、道徳の教科化がなされた。改訂された学習指導要領は、小学校では2018（平成30）年度、中学校では2019年度から実施されることになる。そのときには、検定教科書を使用して授業を行う。
　道徳の特別教科化は、戦後の道徳教育の歴史の中で、1958（昭和33）年に、「道徳の時間」が特設されて以来の画期的な出来事と考えてよいだろう。道徳教育は、戦後の教育改革の中で始まった全面主義から特設道徳の時代を経て、この度の特別教科化へ至った。本節では特設道徳の時代から道徳の特別教科化までの歴史をテーマとする。

第3章　道徳教育の歴史

第1項　「道徳の時間」の特設

　1958年の「道徳の時間」の特設は、戦後の教育改革の転換を表す象徴的な出来事であった。教育の民主化というスローガンのもとに進められた戦後の教育改革は、既に1950年代になると、経済社会の発展に対応した教育改革へと変わっていた。このような変化の中で、「道徳の時間」の特設は、占領下で進められた教育改革の時代の終わりを告げるものであった。

　1958年3月15日、教育課程審議会は、「小学校・中学校教育課程の改善について」を答申した。答申は、「道徳教育は、社会科をはじめ各教科その他教育活動全体を通じて行われているが、その実情は必ずしも所期の効果をあげているとはいえない」と指摘する。そして、「道徳教育の徹底については、学校の教育活動全体を通じて行うという従来の方針は変更しないが、さらにその徹底を期するために、新たに『道徳』の時間を設け、毎学年、毎週継続して、まとまった指導を行うこと」と述べる。つまり、道徳教育は学校教育全体を通じて行うという全面主義の原則は維持したままで、教育課程の中に「道徳の時間」を特設するように求めた。この答申を受けて、同年の8月、学校教育法施行規則が改正され、「道徳の時間」は、各教科、特別教育活動、学校行事と並ぶ一つの領域として、小学校、中学校の教育課程の中に位置付けられた。特設道徳の始まりである。

　このとき特設された「道徳の時間」は、「教科」ではなく、あくまでも領域である。「従来の意味における教科としては取り扱わないこと」と教育課程審議会の答申は述べている。「道徳の時間」は、小学校、中学校の教育課程の中に特設された領域であった。

　しかし、このような「道徳の時間」の特設に対しては、戦後教育改革の基本的考え方に逆行するものとして、多くの反対意見が出された。日本国憲法及び教育基本法により基礎づけられた教育の理念から、教育勅語・修身科の教育体制への逆行であるとして、反対論が展開された。

　日本教育学会の教育政策特別委員会は、教育課程審議会の答申に先立って前年1957年11月に、「道徳教育に関する問題点（草案）」を出し、二つの問題を指

摘している。「『全教科を通じて道徳教育を行う』という従来の文部省の方針と、『それとともに特別な授業時間を設けて強化徹底をはかる』という方針との間には、道徳教育の仕方に大きな相違が予想される。この方針の転換が、どのような原理的立場からされたのか、それについて検討の必要があろう」と疑問を提起する。道徳教育は、学校の教育活動全体を通じて行うという全面主義の立場から行われていた。しかし、「道徳の時間」の特設は、全面主義の立場を否定するものと解された。そして、この「道徳教育に関する問題点（草案）」は、第二に、特設道徳が「他教科の内容と方法に影響をおよぼしはしまいか」と懸念を表明する。特設道徳が、「遠からず打ち出されてくるだろう国定道徳」と無関係ではなく、社会科の解体や、地理や歴史も「国定道徳」に基づいた内容を目指し、「国定道徳の教科徹底」をも意図しているのではないかと特設道徳を強く批判した。

　特設道徳への反対論に対して文部省は、1958年3月に文部省から示された「小学校・中学校における道徳の実施要領について」の「小学校道徳実施要綱」では次のように述べる。「学校における道徳教育は、本来学校の教育活動全体を通じて行うことを基本とする。従来も、社会科をはじめ各教科その他教育活動の全体を通じて行ってきたのであるが、広くその実情をみると、必ずしもじゅうぶんな効果をあげているとはいえない。このような現状を反省して、ふじゅうぶんな面を補い、さらに、その徹底をはかるため新たに道徳の時間を設ける。道徳の時間は、児童生徒が道徳教育の目標である道徳性を自覚できるように、計画性のある指導の機会を与えようとするものである。すなわち、他の教育活動における道徳指導と密接な関連を保ちながら、これを補充し、深化し、または統合して、児童生徒に望ましい道徳習慣・心情・判断力を養い、社会における個人のあり方についての自覚を主体的に深め、道徳実践力の向上をはかる」。

　文部省の見解では、道徳教育は、学校教育全体を通じて行うという従来の方針は堅持したままで、それを「補充、深化、統合」するために、「道徳の時間」を特設するとされた。同時に、「道徳の時間」は、修身科のように教師から一方的に教えるものではないことが強調された。「道徳の時間においては、児童生徒の心身の発達に応じ、その経験や関心を考慮し、なるべく児童生徒の具体

的な生活に即しながら、種々の方法を用いて指導すべきであって、教師の一方的な教授や単なる徳目の解説に終わることのないように、特に注意しなければならない」と「小学校道徳実施要綱」では強調されている。

　「道徳の時間」は、戦後間もない当時にあって、戦前の修身科や教育勅語を連想させるもので、容易には賛成を得られなかった。国家ないし公権力が戦前のように個人の内面に規範を押し付けるものではないかという疑念も多かった。戦前の教育への深い反省があった。また、学校教育における道徳教育を全面主義で行うのか、特設主義で行うのかという問題とも成った。全面主義というのは、学校の教育活動全体を通じて道徳教育を行うべきだという立場であり、これに対して、特設主義は、道徳についての特定の科目を通して道徳教育を行うべきだとする立場である。特設道徳は、「全面主義か特設主義か」という問題として考えられ、議論されることとなった。特に、全面主義の道徳教育の中では生活指導を通じて、道徳教育が可能だとする考えも強かった。特設道徳によって、学校教育全体を通じての道徳教育を「補充、深化、統合」するという考えには意見が分かれた。

　「道徳の時間」の特設に対して、日本教職員組合（日教組）が中心となって、強く反対運動を展開した。教育論や教育方法論としてではなく、「文部省対日教組」と表現されるような政治的な対立の中で論議されることとなった。たとえば特設道徳の実施のために、文部省は、「道徳教育指導者講習会」を全国の５会場で開催したが、この講習会は、反対派による激しい妨害活動のために混乱したことが記録されている。

　「道徳の時間」が特設される以前にも、教育政策に関わる政治家が、教育勅語や修身科の復活を望む発言をしていた。これらも反対運動を引き起こす原因の一つであった。たとえば、文部大臣であった天野貞祐は在職中、修身科の復活や「国民実践要領」の制定を唱えた。天野は、道徳の特設がなされる前の1953年、「国民実践要領」を示している。「無私公明の精神のみが、個人と国家と世界人類とを一筋に貫通し、それをともに生かすものである」。このような「国民実践要領」のいう「無私公明の精神」や「国家のためにつくす」といった文言は、当時にあっても受け入れられず、道徳教育の問題を混迷させることとなっ

た。その後も、1966年に、高坂正顕が中心となって作成し、中央教育審議会の別記として発表された「期待される人間像」も、「国民実践要領」との類似が指摘されるなど、イデオロギー対立の中では議論が深まらなかった。

当時の日本を取りまく国際情勢は変化していた。産業化社会に対応した学校教育を求める要請が強まっていた。こういった歴史的動向の中で、教育政策が大きく転換していく時代であった。この時代、戦後教育改革からの転換を図る教育政策は、それに反対する立場との激しい対立の構図を作りだしていた。

戦後教育改革の見直しが強まり、1956年には、教育委員会が公選制から任命制に改められた。また、学習指導要領は、1958年には、「試案」から、官報による「告示」となり、法的拘束力を持つことになった。特設道徳も含め、こういった一連の出来事は、戦後教育改革からの転換、いわゆる逆コースの象徴として当時は受け取られた。

しかし、特設道徳を、逆コースや反動化としてのみ理解することには、特に近年、異論が唱えられている。戦後教育改革や戦後教育に関する研究が問い直されている。現在、戦後教育史像について新たな研究がなされ、戦後教育改革についても見直しが行われる中で、特設道徳についてもその歴史的意義を再考する必要があるだろう。

第2項　道徳の特別教科化へ

「道徳の時間」が特設されても、道徳教育の充実を求める要求が続いた。また、特設道徳の形骸化といった批判が繰り返された。1984（昭和59）年に、内閣直属の諮問機関として臨時教育審議会（臨教審）が設置された。「戦後教育の総決算」というスローガンのもと四つの答申を出した。これ以降の教育政策は、臨教審の答申を基本的な理念として進むことになる。道徳教育に関して、1986年の第二次答申が「徳育の充実」を強調した。

1989（平成元）年に改訂された学習指導要領では、「自ら学ぶ意欲と社会の変化に主体的に対応できる能力の育成」が強調された。道徳の「目標」において、「主体性のある日本人を育成するため、その基盤としての道徳性を養うこととする」と述べられる。

1998（平成10）年改訂の学習指導要領は、「生きる力」を育むことを目指す。これは、1996年の中教審答申「21世紀を展望した我が国の教育の在り方について」（第一次答申）を受けてのことである。この答申は、「ゆとり」を確保する中で「生きる力」を育成することを強調した。この「生きる力」の核となるのが「豊かな人間性」としたのが、1998年6月に示された、「心の教育」答申と呼ばれる「新しい時代を拓く心を育てるために―次世代を育てる心を失う危機―」（「幼児期からの心の教育の在り方について」）である。

2000年、内閣総理大臣の私的諮問機関であった「教育改革国民会議」は、報告「教育を変える17の提案」を発表した。「学校は道徳を教えることをためらわない」とし、小学校に「道徳」、中学校に「人間科」、高校に「人生科」などの教科を設けることを提案した。徳育の教科化を求める提案は、戦後の教育政策の中で、審議会等の答申のレベルでは初めてのことである。

それと同時に、教育改革国民会議の「教育を変える17の提案」は、「新しい時代にふさわしい教育基本法」を求めた。1947年に定められた教育基本法の改正を求めたのである。その後2003年に、中教審は、「新しい時代にふさわしい教育基本法と教育振興基本計画の在り方について」を答申した。2006（平成18）年12月22日、教育基本法は改正された。

教育基本法の改正に伴い、2008（平成20）年3月に小学校、中学校の学習指導要領が改訂された。この学習指導要領では、「学校における道徳教育は、道徳の時間を要として学校の教育活動全体を通じて行うもの」とされた。「道徳の時間を要（かなめ）として」という強い語調で、「道徳の時間」の役割を明確にする。そして、「道徳教育推進教師」を中心に、学校において道徳教育が確実に推進されるように求めた。

教育基本法の改正以降、道徳の教科化への動きは徐々に具体化する。第一次安倍内閣が設置した「教育再生会議」は、2007年1月に、第二次報告「社会総がかりで教育再生を」を出した。「国は、徳育を従来の教科とは異なる新たな教科と位置づけ、充実させる」とし、道徳の教科化を求めた。しかし、2008年の中教審答申「幼稚園、小学校、中学校、高等学校及び特別支援学校の学習指導要領の改善について」では、審議の過程での、「道徳の時間を現在の教科と

は異なる特別の教科として位置付け、教科書を作成することが必要」とする意見の報告だけにとどまった。教育再生会議の求めた教科化は実現しなかった。2009年の政権交代による非自民の政権の誕生で、道徳の教科化の動きはしばらく停滞する。

　教科化についての決定的な動きは、2013年2月の教育再生実行会議の第一次提言「いじめ問題等への対応」が、道徳の教科化を求めたことに始まる。2012年12月に発足した第二次安倍内閣は、2013年1月に、閣議決定により「教育再生実行会議」を設置していた。この提言を受け、文部科学省は、同年3月に「道徳教育の充実に関する懇談会」を設置し、この懇談会は12月に、「今後の道徳教育の改善・充実方策について――新しい時代を、人としてより良く生きる力を育てるために――」（報告）を発表した。この報告では、「道徳の時間」を「特別の教科　道徳」として教育課程の中に位置づけることについて具体的に議論されている。この後、2014年10月に、中央教育審議会は、答申「道徳に係る教育課程の改善等について」を出す。

　2015（平成27）年3月に、学習指導要領の一部改訂が告示され、これまでの「道徳の時間」は、「特別の教科　道徳」（「道徳科」）と変わった。道徳の特別教科化である。ただし、道徳教育は、学校教育全体を通じて行われるという従来の立場は変わらない。

　通常の「教科」ではなく、「特別の教科」とは何を意味するのだろうか。たとえば、学習指導要領の改訂を答申した2016年12月の中教審答申に先立ち、同年8月の中教審の教育課程企画特別部会がまとめた論点整理では、道徳の特別教科化の目的について、次のようにまとめられている。「道徳の特別教科化は、これまで軽視されがちだったと指摘される従来の道徳の時間を検定教科書の導入等により着実に行われるように実質化するとともに、その質的転換を図ることを目的としている」。「『考え、議論する』道徳科への質的転換については、子供たちに道徳的な実践への安易な決意表明を迫るような指導を避ける余り道徳の時間を内面的資質の育成に完結させ、その結果、実際の教室における指導が読み物教材の登場人物の心情理解のみに偏り、『あなたならどのように考え、行動・実践するか』を子供たちに真正面から問うことを避けてきた嫌いがある

ことを背景としている。このような言わば『読み物道徳』から脱却し、問題解決型の学習や体験的な学習などを通じて、自分ならどのように行動・実践するかを考えさせ、自分とは異なる意見と向かい合い議論する中で、道徳的価値について多面的・多角的に学び、実践へと結び付け、更に習慣化していく指導へと転換することこそ道徳の特別教科化の大きな目的である」。

　道徳教育の充実は、「道徳の時間」が特設されて以降も、特別教科化へ至るまで、絶えず求められてきた。「考え、議論する道徳」をどのように実現していくのかという実践的問題に対しては、道徳の特別教科化へ至るまでの様々な歴史的議論をも踏まえたうえで取り組まれなければならない。

〈推薦図書〉
　道徳教育の歴史の基本資料がまとめられて、入手しやすいのものとして、下記の文献を挙げる。
　浪本勝年・岩本俊郎・佐伯知美・岩本俊一編『資料　道徳の教育を考える』北樹出版、2006年。
　道徳の教科化に対する賛否について、歴史的背景も踏まえて論じた文献として、下記の2冊を挙げる。
　日本教育方法学会編『教育方法44　教育のグローバル化と道徳の「特別の教科」化』図書文化社、2015年。
　貝塚茂樹『道徳の教科化――「戦後70年」の対立を超えて――』文化書房博文社、2015年。
　道徳教育の歴史にかぎらず、戦後の学校教育の歴史について、コンパクトにまとめた文献として、下記を挙げる。
　木村元『学校の戦後史』岩波書店、2015年。
　道徳の歴史については、大学の教職課程で使用されるテキストとして編集された以下のものが参考になるだろう。本節の執筆過程でも参考にしている。
　貝塚茂樹『道徳の教科書』学術出版会、2009年。
　松下良平編、田中智志・橋本美保監修『道徳教育論』一藝社、2014年。
　伊藤良高・冨江英俊・大津尚志・永野典詞・冨田晴生編『道徳教育のフロンティア』晃洋書房、2014年。
　羽田積男・関川悦雄編『道徳教育の理論と方法』弘文堂、2016年。

戦後教育史研究について、より理解を深めるために次の文献を挙げる。
藤田英典・黒崎勲・片桐芳雄・佐藤学編『教育学年報6　教育史像の再構築』世織書房、1997年。
貝塚茂樹『戦後教育改革と道徳教育問題』日本図書センター、2001年。

第4章 道徳教育をめぐる今日的課題

第1節 道徳科の展望

第1項 「考え、議論する道徳」への転換

(1)「考え、議論する道徳」が求められる理由

　道徳の時間を「特別の教科　道徳」(以下「道徳科」)として位置付けた学習指導要領改訂(2015)について、その文部科学省の通知文では「発達の段階に応じ、答えが一つではない課題を一人一人の児童生徒が道徳的な問題と捉え向き合う『考える道徳』、『議論する道徳』へと転換を図るもの」として説明している。そして、「考え、議論する道徳」については、中央教育審議会「学習指導要領等の改善及び必要な方策等について(答申)」(2016年。以下「答申」)において、次のように説明している。「多様な価値観の、時には対立がある場合を含めて、誠実にそれらの価値に向き合い、道徳としての問題を考え続ける姿勢こそ道徳教育で養うべき基本的資質であるという認識に立ち、発達の段階に応じ、答えが一つではない道徳的な課題を一人一人の児童生徒が自分自身の問題と捉え、向き合う」という「考え、議論する道徳」へと転換を図らなければならないとしている。そこでは特に、「単なる生活経験の話合いや読み物の登場人物の心情の読み取りのみに偏った形式的な指導」からの転換を求めているのである。

　もちろん、これまでも、「考える道徳」には取り組んできたはずである。むしろ、全く「考えない道徳」の授業をイメージすることの方が難しい。しかし

ながら、これまでの授業において、はたして児童生徒が、ここで言うところの「自分自身の問題と捉え、向き合う」ことのできるような、言わば「自分事として」考えを深めることのできる授業になっていたかどうかは、必ずしも十分なものとは言えないであろう。中には、授業で提示された教材の世界から全く抜け切れず、最後まで自分の世界へと思考が及んでいない授業も少なくない。また、これまでの話し合いの授業の中で「議論する道徳」に全く取り組んでこなかったということでもなかろう。しかしそれとて、お互いの思考内容が表面的に告げられる程度であって、「多様な価値観の、時には対立がある」ような場面設定での、自らの本音、深い考えに基づく意見の交流というものにまでにはなっていないことが多いのではないであろうか。そうした授業の中で、どれほどの児童生徒が、人間としての自己の生き方について考えることができたであろう。

　道徳科の授業では、その目標に規定されているように「よりよく生きるための基盤となる道徳性を養うため、道徳的諸価値についての理解を基に、自己を見つめ、物事を（広い視野から）多面的・多角的に考え、自己の生き方（人間としての生き方）についての考えを深める学習を通して、道徳的な判断力、心情、実践意欲と態度を育てる」（以下（　）内は中学校）ことが求められている。こうした学習にしっかりとつながるように、「考え、議論する道徳」が提起している授業の具体像を正しく捉え、これまでの授業と比較検討することを通して、よりよい授業づくりへの改善・工夫に努めなければならない。

（2）「考え、議論する道徳」への転換において確認、留意すべきこと
　「考え、議論する道徳」への質的転換、それはこれまでの取組を全て否定しようというものではない。むしろ、これまでの優れた道徳の時間における実践研究を生かしつつも、改めてわが国の道徳教育そして「道徳科」の特質から求められる学習指導のあるべき姿を、正しく理解、確認して、本質的な部分から抜本的に改善・充実を図ろうとするものである。道徳の教科化は、1958（昭和33）年に告示された学習指導要領に「道徳の時間」が特設されて以来、わが国の学校における道徳授業に求められてきた本質的な姿を、全ての学校、学級に

おける取組に「実質化」させようとするためのものでもある。「考え、議論する道徳」への転換は、その重要な方途の一つなのだということを、改めて第一に確認しておきたい。

次に確認しておきたいのは、「考え、議論する道徳」への転換は、道徳科の授業が全て「考え、議論する道徳」になるということを意味しているわけではないということである。道徳科の授業において求められているのは、道徳性の育成である。前述の道徳科の目標では、道徳性というよりよく生きていくための資質・能力を培うという趣旨を明確化するために、道徳性の諸様相として考えられている「道徳的な判断力、心情、実践意欲と態度」を育てると示されている。すなわち、認知的な側面だけではなく、情意的な側面にも意を用いた授業づくりが求められているということである。したがって、「考え、議論する道徳」に加えて、「豊かに感じ取れる道徳」「実践意欲の高まる道徳」を意識した授業づくりも、これまで同様に大切にしなければならない。「考え、議論する道徳」だけでは、道徳科の目標が十全たるものとして実現されることにはならないということである。

第2項 「アクティブ・ラーニング」の視点を生かした道徳科の授業

（1）「アクティブ・ラーニング」の視点を生かすうえでの基本的な考え方

2017〜2018年の学習指導要領改訂における「アクティブ・ラーニング」の視点、すなわち「主体的・対話的で深い学び」の実現から学びの質を高めようとする方向性は、これからの子供たちに求められている資質・能力をより確かに育成するために、教育活動をより効果的なものに改善しようとするものである。したがって、各教科・領域における教育活動や教育課程全体で育成しようとしている資質・能力は何かということを常に視野に入れて考える必要がある。道徳科において育成しようとしている資質・能力は、よりよく生きるための基盤となる道徳性である。したがって、道徳科におけるアクティブ・ラーニングは、道徳性の育成という道徳科の目標の実現あるいは、そのために日々取り組まれている道徳科のそれぞれの時間のねらいの実現に資するものとして位置づくものにならなくてはならない。

また、アクティブ・ラーニングは、特定の学習方法や学習の型を意味しているものではない。したがって、その学習方法自体が目的化されたり、特定の具体的方法論に固執してしまったりすることにより、逆に効果的な学習活動が損なわれるということがあってはならないということにも留意することが必要である。道徳科の目標や道徳科の時間のねらいの実現に効果的なものとなるかどうかという「ものさし」抜きに、「アクティブ・ラーニング」を云々しようとすることは避けなければならない。

（２）「主体的・対話的で深い学び」は道徳授業の基本的な姿の一面

　学習指導要領において、道徳科の目標は、「よりよく生きるための基盤となる道徳性を養うため、道徳的諸価値についての理解を基に、<u>自己</u>を見つめ、物事を（<u>広い視野から</u>）<u>多面的・多角的に考え、自己の生き方（人間としての生き方）についての考えを深める学習</u>を通して、道徳的な判断力、心情、実践意欲と態度を育てる」（以下、下線は筆者による）ことと規定されている。また、そのことを受けて、道徳科における指導の特質は、「児童（生徒）<u>一人一人</u>が、ねらいに含まれる一定の道徳的価値についての理解を基に、<u>自己</u>を見つめ、物事を（<u>広い視野から</u>）<u>多面的・多角的に考え、</u>」「<u>道徳的価値に関わる考え方や感じ方を交流し合うこと</u>で」「<u>自己の（人間としての）生き方についての考えを深める学習</u>を通して、内面的資質としての道徳性を<u>主体的</u>に養っていく時間」であり、「児童（生徒）が道徳的価値を（内面的に）<u>自覚</u>できるよう指導方法の工夫に努めなければならない」（『学習指導要領解説　特別の教科　道徳編』）と示されている。

　さらに、学習指導要領の「指導計画の作成と内容の取扱い」には、「児童（生徒）が自ら道徳性を養う中で、<u>自らを振り返って成長を実感</u>したり、これからの課題や目標を見付けたりすることができるよう工夫すること。その際、道徳性を養うことの意義について、児童（生徒）自らが考え、理解し、主体的に学習に取り組むことができるようにすること。」「児童（生徒）が多様な感じ方や考え方に接する中で、考えを深め、判断し、表現する力などを育むことができるよう、<u>自分の考えを基に話し合ったり（討論したり）書いたりするなどの言</u>

語活動を充実すること。(その際、様々な価値観について多面的・多角的な視点から振り返って考える機会を設けるとともに、生徒が多様な見方や考え方に接しながら、更に新しい見方や考え方を生み出していくことができるよう留意すること。)」と示されている。これは、これまでの道徳の時間の指導においても本質的には同様に求められていたことである。このことを、今日的なキーワードも踏まえ改めて整理するならば、道徳授業（道徳的な判断力、心情、実践意欲と態度を育成するための道徳科の授業）においては、道徳的価値の介在する問題・課題や事象に関して、自問・内省によるメタ認知の内容が言語化され、自他の多様な感じ方や考え方が交流されることにより、物事の正しさや良さ・善さに関して吟味するという批判的思考を集団の中で深めたり、共感したりする学習活動を展開することが求められてきたのであり、これからも求められているのだと言えよう。改めて下線を付した部分に注目するまでもなく、これまでの授業の様子を思い浮かべれば理解できると思うが、「主体的・対話的で深い学び」は、道徳授業における学習活動の基本的な姿の一面として捉えられるものであり、今後とも大切にすべきものなのである。

　加えて、これまでと同様に、道徳科においても「自己内対話」すなわち「自分が自分に自分を問う」という学習活動が常に求められていることも忘れてはならない。

　なお、前述の「答申」において、道徳科等における「主体的・対話的で深い学び」については以下のように説明している。

「主体的な学び」

　児童生徒が問題意識を持ち、自己を見つめ、道徳的価値を自分自身との関わりで促え、自己の生き方について考える学習や、各教科で学んだこと、体験したことから道徳的価値に関して考えたことや感じたことを統合させ、自ら道徳性を養う中で、自らを振り返って成長を実感したり、これからの課題や目標を見付けたりすること

「対話的な学び」

　子供同士の協働、教員や地域の人との対話、先哲の考え方を手掛かりに考えたり、自分と異なる意見と向かい合い議論すること等を通じ、自分自身の道徳

的価値の理解を深めたり広げたりすること
「深い学び」
　道徳的諸価値の理解を基に、自己を見つめ、物事を多面的・多角的に考え、自己の生き方について考える学習を通して、様々な場面、状況において、道徳的価値を実現するための問題状況を把握し、適切な行為を主体的に選択し、実践できるような資質・能力を育てる学習

（3）子供と共に教師も「主体的・対話的で深い学び」の主体者に
　子供たちに「主体的・対話的で深い学び」を定着させる上で、教師自らがそうした学習姿勢を示すことは極めて有意義なことである。このたびの道徳の教科化による道徳教育の実質化を成功ならしめるためにも、道徳授業はもとより道徳教育全般において、教師もまた子供と共に「主体的・対話的で深い学び」の主体者でありたい。
　『学習指導要領解説　特別の教科　道徳編』に示された「『第3章　特別の教科　道徳』の『第2　内容』は、教師と児童（生徒）が人間としてのよりよい生き方を求め、共に考え、共に語り合い、その実行に努めるための共通の課題である。」という説明の意味するところを改めて確認しておこう。

第3項　道徳科における問題解決的な学習

（1）道徳科における「問題解決的な学習」の基本的な姿

　2015（平成27）年3月に告示された一部改正の「学習指導要領」には、その「第3章　特別の教科　道徳」の「第3　指導計画の作成と内容の取扱い」の中に、道徳科において、道徳の内容を指導するに当たっての配慮事項の一つとして、「問題解決的な学習」を取り入れるなどの指導方法を工夫することが新たに規定された。また、文部科学省に設置された「道徳教育に係る評価等の在り方に関する専門家会議」での協議内容をまとめた「『特別の教科　道徳』の指導方法・評価等について（報告）」（2016年。以下、「報告」）の中でも、「道徳科における質の高い多様な指導方法」の事例として、「読み物教材の登場人物への自我関与が中心の学習」、「道徳的行為に関する体験的な学習」に加えて

第4章 道徳教育をめぐる今日的課題

「問題解決的な学習」を取り上げている。

　道徳科における「問題解決的な学習」をどのように捉えたらよいのか。そのためには、厳密に言えば、その周辺の概念について歴史的に整理していくことが必要となる。また、PISA（OECD国際的学習到達度調査：Programme for International Student Assessment）でいうキーコンピテンシーとしての「問題解決（能）力」やわが国の国立教育政策研究所が整理した「21世紀型能力」イメージの中核に位置付けられている「深く考える（思考力）」の「問題解決・発見」との関係についても論究していくことは有意義であろう。しかしながら、ここでは前述の「報告」及び学習指導要領の内容から整理してみよう。

　道徳科における「問題解決的な学習」について、「報告」には次のような説明がある。

　「児童生徒一人一人が生きる上で出会う様々な道徳的諸価値に関わる問題や課題を主体的に解決するために必要な資質・能力を養うことができる。」

　「問題場面について児童生徒自身の考えの根拠を問う発問や、問題場面を実際の自分に当てはめて考えてみることを促す発問、問題場面における道徳的価値の意味を考えさせる発問などによって、道徳的価値を実現するための資質・能力を養うことができる。」

　道徳科の目標は、「よりよく生きるための基盤となる道徳性を養うため、道徳的諸価値についての理解を基に、自己を見つめ、物事を（広い視野から）多面的・多角的に考え、自己の生き方（人間としての生き方）についての考えを深める学習を通して、道徳的な判断力、心情、実践意欲と態度を育てる」である。以上の内容から、道徳科における「問題解決的な学習」で取り上げられる「問題」とは、誰にとってのどのような「問題」であるべきなのか。そこでは、どのような「解決」の在り方が求められている「学習」なのか。そして、その「学習」のそもそもの目的は何なのかといった点から整理すると、道徳科における「問題解決的な学習」の具備すべき基本的要件は、以下のように考えられる。
① 道徳的価値が介在している道徳的（道徳上の）問題であること。
② 自己の問題として捉え、主体的に考えられる問題であること。
③ 道徳的価値との関連から、その問題の解決が目指される学習であること。

④　道徳科の目標及びその時間のねらいの実現に資する学習であること。

　道徳科における「問題解決的な学習」で扱われる問題は、あくまでも道徳的（道徳上の）問題でなくてはならない。すなわち、善悪が問われるという問題である。言い換えるならば、道徳的価値が何らかの形で介在している問題ということである。厳密に言えば、それぞれの道徳科の時間のねらいに含まれる道徳的価値が介在している問題ということになる。

　また、道徳科における「問題解決的な学習」で扱われる問題は、自分自身の問題として十分に意識され、自分事として考えられる問題でなくてはならない。そして、自己の生き方や人間としての生き方についての考えを深める学習となり、その道徳科の時間のねらいの実現に効果があり、道徳性の育成に資する学習となることが求められるのである。

　その際、入り口の問題が個々の問題意識から見出された身近な問題であっても、その道徳科の時間のねらいの実現が目指される学習となりうることもあろう。また、「本当の思いやり」や「真の礼儀」について改めて考えさせるような授業展開において、それまでの道徳的価値についての理解では解決できない問題状況が提示され、「え、なぜ。どうして。」という、まさに「自らの問い」に始まる「問題解決的な学習」は、極めて主体的・能動的な学習となり、道徳的な学習効果も大いに期待できるものとなる。

　以上のような点も勘案すると、道徳科における「問題解決的な学習」での問題の態様としては、たとえば以下のようなものが考えられる。

①　道徳的諸価値が実現されていないことに起因する問題
②　道徳的諸価値についての理解が不十分又は誤解していることから生じる問題
③　道徳的諸価値のことは理解しているが、それを実現しようとする自分とそうできない自分との葛藤から生じる問題
④　複数の道徳的価値の間の対立から生じる問題

　身近な問題や現代的な課題、あるいは教材等の中に描かれた上記①～④のような問題について、道徳的価値との関連からその解決について考える学習活動を、今後ともより効果的なものへと工夫・改善したいものである。

（2）道徳科において「問題解決的な学習」に取り組むうえで留意すべきこと

　前述の道徳科における「問題解決的な学習」の具備すべき基本的要件は、①〜④までのどれか一つでも欠ける学習は、道徳科における「問題解決的な学習」とはなりえないということを確認しておきたい。

　なぜならば、道徳科における「問題解決的な学習」は、そもそもそれ自体が目的になるものではなく、あくまでも道徳科の目標及びその時間のねらいの実現に効果的な学習方法となりえるものの一つであるということである。

　「児童（生徒）の発達の段階や特性等を考慮し、<u>指導のねらいに即して</u>、問題解決的な学習、道徳的行為に関する体験的な学習等を<u>適切に取り入れる</u>など、指導方法を工夫すること。その際、それらの活動を通じて学んだ内容の意義などについて考えることができるようにすること。」

　学習指導要領の「問題解決的な学習」について規定している部分は上記のとおりであるが、<u>下線</u>を付した文言によって留意すべき事柄として繰り返し押さえられていることを確認しておきたい。

　道徳科における学習が、真に効果が期待される多様な指導方法の工夫により、一人一人の児童生徒にとって、より豊かな道徳性への確かな学びとして結実するように日々努めたいものである。

〈推薦図書〉

小寺正一・藤永芳純編『四訂　道徳教育を学ぶ人のために』世界思想社、2016年。

柴原弘志編『中学校　新学習指導要領の展開』明治図書、2016年。

松本美奈・貝塚茂樹・西野真由美・合田哲雄編『特別の教科　道徳　Q＆A』ミネルヴァ書房、2016年。

柴原弘志編『アクティブ・ラーニングを位置付けた中学校特別の教科道徳の授業プラン』明治図書、2017年。

第2節　情報消費社会における道徳と道徳教育

第1項　社会の変容と道徳教育

　社会のあり方が変わると道徳も変わる。社会の基本構造が変容するにつれて、人びとが世界（他者やモノ）に向かう際の意識や構えが変化し、その影響は道徳観にも及ぶようになるからである。するとその結果として、今度は新たに出現した道徳的理念が社会の変容を一定の方向に誘導するようになる。第1章第1節で論じた「人間の道徳」やその一典型としての近代道徳は、まさにそのような過程を経て誕生し、社会に根本的な影響を与えてきた。だが、最もシンプルでわかりやすい例は共同体道徳であろう。

　たとえば、主君による恩義や庇護に報いるために自らの命や家族さえ差し出すような封建社会の忠義の道徳。この道徳は、洋の東西を問わず、近代以前の身分制社会に特徴的な道徳であり、主従関係から成る社会を維持するのに貢献した。日本では戦前まではかなり色濃く残っており、「忠孝」の道徳を説く「教育に関する勅語」（1890年）を介して戦争への動員にも利用されたが、さすがに今日ではほぼ廃れたと言ってよい。だが今日でも、その亡霊はあちこちを彷徨っている。そのため、会社の経営者や株主、あるいは自分のクライエントや顧客のために、病気や「過労死」に追い込まれるほど自ら働いてしまったり、そのことを賛美したりする人の例は後を絶たない。さらに言えば、その土台にある贈与の道徳は今日でもしばしば至高のものとされており、贈与の交換は、災害時などの助け合いの道徳（かつて助けてもらった被災者が今度は新たな被災者を助ける道徳）などとして機能している。あるいは、贈与された相手は負い目を感じて返礼するという贈与交換の論理は、試供品や試食品を無料で提供し、消費者が商品を買ってくれることを狙う販売戦略にも利用されている。

　このように道徳はまるで生き物であるかのように、時空間の中でつねに生成変化している。一世代のうちに中身がすっかり変わったり消失したりすることもめずらしくない。人類普遍にして不変の道徳のように思われがちな「生命尊

重」の道徳であっても例外ではない。近代以前の社会では生命が尊重されたのは領主や君主などの特権的な人びとだけであり、人間の生命を等しく尊重する道徳が当たり前になったのは日本社会ではたかだかここ数十年のことだと言ってもよい。とはいえ、人権が等しく尊重されているはずの今日の日本社会でも、今ほど触れたように、働く人の権利がないがしろにされる現状は残っている。また、多くの人びとが高度な医療の恩恵を受けられるようになった反面で、貧困やネグレクトのために生命への配慮が行き届かない人びとが少なくない現実もある。同国民の生命は尊重するが、外国人（難民など）の生命には配慮しない事例もまた世界のいたる所で見られる。つまり道徳は、古い道徳を引きずったり、新しい中身を盛り込まれたり、社会の政治的・経済的な構造に影響されたりして、矛盾や対立をはらみながらつねにダイナミックに変容する途上にある。そのため、一定の時間が経つうちに、人びとが思いもしなかったものに変容していく可能性を秘めている。道徳は、夜空の遠い彼方から永遠に変わることなく私たちを照らしてくれる星々の光のようなものではないのである。

　だとすれば、道徳の煌めく光を身に浴び、心の中にまで染み通らせれば道徳的な存在になれる、というわけにはいかない（従来の「道徳の時間」はこのようなメタファーに依拠して道徳教育を考えてきたフシがある）。道徳を光にたとえるとしても、その光の色や強さは多様であるし、光線が有害な場合もある。また人によっては光が見えなかったり、屈折した光を眺めていたりすることも少なくない。光は光源に加え、それを浴びる人を取り巻く環境の違いによって多様な姿を見せる。道徳は環境としての社会をも考慮に入れることが必要なのである。

　道徳、人間、社会のこのような関係は道徳教育のあり方にも大きな影響を及ぼす。道徳科において、多様な道徳が持つ各々の意義と限界について理解を深めることや、多様な道徳を組み合わせてよりよき道徳を探究することを試みたとしよう（第1章第1節第4項を参照）。だが、そのような理解や探究もまた社会の影響を強く受ける。子どもたちは授業にのぞむ時には既に、社会生活を通じて一定の道徳観を身につけている。科学における「素朴概念」(たとえば「地球の周りを太陽が回っている」とか「物体を動かし続けるためには外部からた

えず力を加え続けなければならない」という生活実感に支えられた知）になぞらえられるものが、道徳の場合にも存在する。そのため、科学教育の場合と同様に、社会生活で身につけた道徳観念が、道徳についての理解や探究を困難にすることがある。

　道徳教育とは無垢の学習者に道徳観念を植えつけることではない。学習者が社会生活を営む中で身につけた道徳観念について理解した上で、その観念の持ち主と対話することである。したがって道徳教育は、指導法の工夫というレベルだけで考えるわけにはいかないし、巧みな指導法を用いても理解や探究が進まないとき、子どもたちの能力ややる気のなさのせいにするわけにもいかない。社会との関係でもっと重大な問題がその背後に控えており、それについても考えていく必要があるからだ。いったいどういう問題がそこにはあるのか。本章の残りでは、そのごく一端にしか触れられないが、いくらか掘り下げてみよう。まず本節では、社会における消費化や情報化の進展が人びとの道徳観念や意識に与える影響について考えてみたい。

第2項　産業構造の変化がもたらす道徳の変容

（1）伝統的社会（第一次産業中心の社会）

　産業構造は人びとの道徳観念に深い影響を与えてきた。たとえば古代から高度経済成長期以前まで日本列島の主要産業であった農業の場合はどうか。農業の中心であった稲作を例に取れば、その活動自体がある種の道徳的実践であると言うことができる。稲作においてはまず、水源や用水路などを共同で管理する必要があり、共同体全体の環境や自らの水田の管理も含めて共同体の共通善への配慮が求められる。さらに稲を実らせるためには苗代づくりから稲刈りまで細心の注意を払った手入れ（ケア）が求められ、その中で勤勉さや実直さや忍耐や献身だけでなく、自然や物を大切にする構えや自己規律も身につく。農業だけでなく林業や漁業を含めた第一次産業、あるいはそれらを支えた手工業も似たような道徳的実践であり、2千年以上にも及ぶこれらの実践の道徳的影響は、地域差や個人差があるとはいえ、現代日本人の中にも色濃く残っていると言うことができる。

（2）工業化社会（第二次産業中心の社会）

　明治新政府が着手し、戦後の高度経済成長期に一気に推し進められた日本の工業化は、伝統的社会で培われた道徳的遺産の上に築かれたものであると言うことができる。勤勉さ、忍耐、献身、創意工夫といった伝統的社会から引き継いだ徳（性格特性）は、工業化を推進する際に人びとに求められる心的構えにつながったと考えられるからである。

　とはいえ、工業化社会が必要とした道徳には、伝統的社会の道徳と大きく異なる側面があったのもまた事実である。主要産業が第二次産業へと移行し、「大量生産・大量消費」を推し進めるようになった社会では、自然環境に配慮することや物を大切に扱うことを求める道徳が冷笑されるようになり、また個人の私的欲望が解放されることで、伝統的共同体が共有していた善は、時代遅れとして軽視されるようになった。さらに工業化は、人びとの"怠惰"や"身勝手"を厳しく戒めた。伝統的社会で育った人びとは、より多く蓄財するために働くという姿勢を欠くどころか、当座の必要を超えて働こうとはしない傾向があり、また工場の画一的な規律に従うことは不得手だったが、工業化が促す資本主義の発展にとっては、そのような姿勢こそが克服されなければならなかったからである。こうしてこの社会は、利己心を自己コントロールする道徳と共に、「鉄の檻」（M・ウェーバー）に適応するための規律や従順といった道徳を人びとに求めるようになった。近代国家日本が学校教育制度を欧米から導入した理由の一つは、工業化を進める社会がこのような道徳教育を必要としたからである。実際にもこの社会の学校・教室では、工場さながらの規律や従順さが子どもたちに求められた。

（3）情報消費社会（第三次産業中心の社会）

　第三次産業への就業者が過半数を超えたのは1970年代半ばであるが、それ以降はもっぱらサービスや情報（音楽・ゲーム・アニメ・映画・動画などの「コンテンツ」から遺伝子情報やビッグデータ等々まで）を商品とする経済が主役になる。そのような経済活動によって成り立っている社会が、ここで言う情報消費社会である。必要な物が人びとに広く行き渡って物を生産しても売れなく

なると、モノとは異なって飽和状態に達しないサービスや情報が商品になっただけではない。モノであってもそれに付随する記号（ブランドやイメージなど）が商品価値を持つようになったのである。端的に言えばその社会では、何ものかを生産することよりも、何ものかを消費して満足することのほうが重要な関心事になったのだ。

　このような社会で生まれ育つと、人びとの道徳意識はどのように変化するだろうか。消費化は個人による選択の自由を強調し、自ら選択したモノや情報の消費を通じた満足や喜びを重視する。かくしてまず指摘すべきは、道徳の個人化および主観化である。工業化社会では、工場や会社あるいは学校という疑似共同体（伝統的共同体の代替物）の共通善（共通に追求すべき価値や目的）がある程度威力を発揮していた。個人の私的欲望が善とされるとき（自分が「よい」と思う物を手に入れるとき）でも、個人の善は共通善にかなり縛られ（みんながよいと思うものがほしい）、合理的な計算を踏まえ合理的な手段を用いて追求された。けれども消費社会では、善は個人の主観的な好みや自己の内なる感性で感じるもの（「いい感じ」「いい気分」）へと変化する。端的に言えば善とは、心地よさや楽しさや面白さであり、それゆえ不気味さや奇妙さなども含めて刺激を与えてくれるものである。善は道徳というよりも美のカテゴリーになるのである。そこでは善の差異化（他人と違うものがいい）が奨励されるだけではない。善は合理的に追求され、未来に実現される欲望というより、「今・ここで」実現されるべき衝動になる。欲望に持続性がなく刹那的だから欲望が衝動化するのではない。その善こそが経済を駆動する力にほかならないために、移り気な消費者、つまりたえず新たな満足や刺激を求め続ける購買者が求められているからである。そのため、すぐに気が変わりかねないその消費者を待たせてはならず、「今・ここで」その衝動的欲望は満たしてあげなければならない。

　こうして、もはや自分の心地よさや楽しさばかりを欲し、しかも辛抱強く理性的にそれを追求するのではなく、今・ここで満足を与えてもらわなければ我慢ならない人びとが、この社会では増えていく。工業化社会が必要とした規律や忍耐は通用しないどころか、それを人びとに求めると逆に苦情や非難が返ってくる。

このように言えば、消費社会とは自分勝手や気まぐれが蔓延し、いつでも・どこでも逸脱や犯罪が起こりうる秩序なき社会、無道徳社会のようにみえるかもしれない。実際にも、動機や目的が不明で手段も理不尽な独りよがりの犯罪が大々的に報道されるたびに、そのようなイメージが一人歩きする。しかも高度経済成長後のこの社会では、政府による規制が緩和され、市場における自由競争が過熱する。そのため、競争での落伍者や競争に参加できない人たちの不満や憤りが溜まる。実際、若い世代ほどこのような社会の影響を受けやすく、暴力や犯罪に走る可能性が高いと思い込んで、子どもたちに道徳や規範を教え込む必要性を訴える大人は少なくない。

　しかしながら現実はこれとは異なる。たとえば少年犯罪は近年ずっと減少傾向にあり、凶悪化もしていない[1]。なぜ意識と実態のこのようなギャップが生じるのだろうか。一つは、犯罪の責任を犯罪者自身に負わせようとする考え方が強まってきたことである。選択の自由という原理を支持する消費社会では、あらゆるものが個人の選択に開かれる。そのため、あらゆる行為について、それを行わない選択があったにもかかわらずそれに及んだ者の自己責任だ、とする考えが幅を利かせるようになる。するとその裏返しとして、各人の「心」に働きかける道徳教育によって、犯罪をなくすことは可能という考え方がリアリティを持つようになる。そこに社会秩序に対する不安が加わると、（実態とは無関係に）道徳教育を強化せよ、という声につながる。もう一つは、実際にはこの社会は従来とは異なる道徳を新たに産み出していることである。自責感情や処罰感情を煽る自己責任の道徳もその一つだが、この社会は衝動的欲望を野放しにしているわけでは決してないのだ。これについては項を改めて考えてみよう。

第3項　情報消費社会が醸成する道徳と道徳教育

　前項で述べた道徳意識は、人が消費者という立場に置かれることによってもたらされる。しかしながら供給者、つまり消費者が望むサービスや情報やモノを産み出し提供する側に置かれると、事情は一変する。消費者の求めに応え、満足させるために、供給者はケア（配慮・心配り）や献身を実践しなければな

らないからである。消費者が自己の満足や楽しみを追求し、供給者のサービスや情報を評価し、時に苦情や文句を言う人であるとすれば、それとは反対に供給者は、他者の満足のために尽くし、商品の質を担保するために市場が求める多様なルールに従い、顧客からの評価やクレームを甘受し、たえず自己を反省しなければならない。そのとき消費者は、自己の思いや感情を表明し、供給者がそれに応えてくれることによって自己承認や自己実現を果たそうとする。他方、供給者には消費者に対する二通りの向き合い方が可能であり、それぞれ異なる種類の道徳につながっていく。

　第一は、消費者の満足のために徹底的に自己を消去し、他者に仕えるという選択肢である。他者のニーズや求めに応えるために、自分の声を押し殺して相手に尽くすことを求める自己犠牲の道である。このとき、自己否定を強いられる供給者の立場は、自己肯定を追求する消費者の立場と根本的に対立する。美的享楽を求める消費者のために、美的享楽のデザインを凝らした小道具（衣装や語り口や振る舞いなど）を供給者自身も駆使することで二つの立場の分裂がかろうじて回避される場合はあるものの、そこで供給者に要求される道徳は、自己の思いや感情の徹底的な制御にほかならない。言うなれば忠義の精神を抜き取られた封建社会の主従道徳に、煩雑なルールへの服従を求める工業化社会の禁欲道徳をつなぎ合わせたような道徳である。予め決められた手順に従うだけの労働者＝ルーティンワーカーは、このような道徳に従うよう求められることが多い。

　第二は、消費者に満足してもらうために共感や感情移入を通じて相手に寄り添うという選択肢である。どのような商品であれば買いたくなるか消費者サイドに立って考えるという道である。このとき、供給者は自己の思いや感情を否定する必要はない。なるほど、自己の思いを投影したサービスや情報を提供しても消費者は満足してくれるとは限らず、（消費者の意向を探る）マーケティングや（供給者の意図を伝える）広告などの手法でそのズレや隙間を補うことは必要である。だが、供給者は基本的に消費者と同様の善＝美的享受を追求すればよく、自分の声にまずは忠実であればよい。このような供給者に必要なのは共感の道徳であり、サービスや情報やモノの創造的な生産者＝クリエイテブ

ワーカーにはそのような道徳が求められることが多い。

　この第二の選択肢は、共感の道徳を活性化することで、情報消費社会特有の道徳を育んでいく可能性がある。最もわかりやすいのは被災地などでのボランティアの奨励であろう。「倫理的消費（エシカル消費）」という考え方もまたその好例である。共感を伴うケアは、労働者に向けられるとき、人権に配慮した商品の購買運動あるいは児童労働や過酷労働による商品の不買運動を通じて労働条件・環境の改善を訴えることがある。あるいは動物に向けられれば動物虐待反対運動に、植物や自然環境にまで向けられるときは、心地よい環境を取り戻すための環境運動につながることもある。「フェアトレード」「グリーンプロダクト」「自然エネルギーの利用」「エシカルファンド」「エシカルファッション」「環境観光」「地産地消」などの試みや、さらには「もったいない」「おもてなし」といった考え方も、そこに含めることができよう。

　もっとも、倫理と言っても商品の単なる包装にすぎない可能性はある。商品を魅力的に見せるための目眩ましにすぎないということである[2]。そのときケアは商品の単なる付加価値に転じ、わがままな消費者への迎合を意味するようになって、自己犠牲の道徳に反転するようになろう。共感の道徳も同様の運命をたどる可能性がある。わがままで気まぐれな消費者に共感して商品を提供しても、すぐに飽きられ忘れられて、気疲れするものや報われないものになりがちだからである。とはいえ、情報消費社会が共感やケアを促すようになれば、（見かけだけの可能性は残るとはいえ）心優しく思いやりのある人が増加していくであろう。さらに言えば、共感を足場に「企業の社会的責任」（corporate social responsibility：CSR）の自覚が一層高まっていく可能性もある。企業もまた社会に求められ支持されなければ生き残っていけないからである。

　情報消費社会の道徳についてまとめよう。この社会では、①消費者、②ルーティンワーカー、③クリエイテブワーカーが主要な登場人物であり、それぞれの立場に対応して、①自己の善（欲望や衝動の充足）を追い求める自由を肯定する道徳、②他者への恭順や献身を求める自己犠牲の道徳、③他者への共感やケアの道徳、が大きな力を持っている。それらに加えて、②と③の人物には市場において安全かつ公正な取り引きを可能にするためのルールに従うことも強

く求められるし、共同体道徳も流動性を増しているとはいえ依然として健在である。この社会の人びとは、相互に対立や矛盾を抱えた多様な道徳的立場の中で引き裂かれていると言えるのである。

　かくして、これらの多様な道徳の間で、時と場合に応じて調整やバランスを図ることが、この社会の人びとの基本的な道徳的流儀になる。そこではおそらく個人差は小さくない。まず、どの立場に置かれることが多いかによって、調整する道徳も違ってくる。たとえば、①と②の立場を行き来する人であれば、放埓と自己規制が適宜使い分けられることになる（それは自分本位と自尊心欠如、尊大と卑屈の奇妙な共存でもありうる）。①と③の立場が支配的であれば、自分本位・自分勝手と他者への思いやりとの間で調整が図られるが、その人が②のルーティンワーカーを管理する立場でもあるとき、暴力性と思いやりが同居することもありうる。さらに、産業構造の影響ということを考えれば、地域や世代による違いも大きいかもしれない。けれども、単純明快な道徳に従うだけでよしとせず、かといって自分勝手に走るというわけでもなく、多様な立場の道徳の間で慎重で繊細なハンドリングを求める点では、この社会の人びとの道徳意識は共通していると言えよう。

　情報消費社会の道徳のこのような特徴は、子どもたちにも概ね当てはまる。子どもたちはまだ労働に従事していないし、幼児の頃から消費者として扱われているので、①の道徳が支配的と思われがちである。けれども、学校教育を中心とする今日の教育が目指すのは、サービスや情報やモノの供給者としての人材養成であり、そこでは②や③の道徳に従うことも熱心に求められている。教育熱心な家庭や地域で育ってきた子どもほど、そのことは当てはまる。情報消費社会の道徳教育は、工業化社会のそれとは異なり、②や③の道徳を中心に据えていると言えるのである。

　道徳教育の変容はそこにとどまらない。消費者は人から満足を与えてもらうのを受け身で待っている存在であるのに対して、供給者は他者のニーズや求めに耳を傾け、他者に満足を与えるために自ら能動的に働きかける存在である。この両者の立場の間で生じる矛盾や葛藤への対処法——いつ・いかなる場合に子どもたちを消費者や供給者として見なすか——もまた、道徳教育のあり方に

大きな影響を与えてきた。その結果として道徳教育は、以下のようなやり方で行動や情動に直接働きかけるものになる場合が少なくない。

（1）相容れない立場に伴う道徳間の調整やバランス確保は、大人が試みても独りよがりで相手に理解しがたいものとなりがちである。そのためコミュニケーションがうまくいかず、相手とトラブルを引き起こすことが少なくない。一方、この社会では、善は満足やいい気分であり、よくないのは不満を与えることや相手の気分を害することである。こうして、対人トラブルを何よりも回避したい社会でそれを確実に果たしたいのであれば、わかりやすくコミュニケーションの「形」を整えるのが最も手っ取り早い。コミュニケーションや礼儀のマニュアル化や、表情やしぐさ（たとえば「いつでも笑顔」）で相手に配慮しているかのように装う「感情管理」（emotion management）がその典型である。大人たちも労働現場を中心にこのような手法をよく用いる。こうして道徳教育もまた表面上の「形」を取り繕うものになりがちになる。

（2）秩序形成は、監視の視線を内面化して従順な主体を作りだす教育、すなわちフーコー（Michel Foucault）の言う「規律訓練」（discipline）ではなく、消費者としての子どもがエクササイズやゲームなどを通じて楽しい選択をする内に自ずと秩序が確保されるやり方が用いられる。あるいは、一定の行動を誘発する／しないために設計された環境＝アーキテクチャ（公園や駅などにあるホームレスや酔客が横になれない椅子が一つの典型）の配備というやり方もある。いずれも、他者による介入を嫌い、受動性が際立つ消費者を前提としたやり方である。だが、そのこともあって、そこで確保された秩序は脆く危うい。そのため、緩んだ隙間から秩序崩壊が始まらないように、子どもたちを供給者に見立てた上で「ゼロトレランス」（猶予なしの処罰）などの厳罰化も併用される。

第4項　情報消費社会の新たな道徳的課題

　人格や性格に働きかけようとはせず、固有の論理も有していないこの "道徳教育" は、しかしもはや教育とは言いがたい。むしろ教育として重大な欠陥を抱えていると言ったほうがよい。情報消費社会の道徳をめぐる以下のような問

題点に対応できないからである。

　第一は、道徳的思考や道徳的判断の変質である。既に指摘したように、人は多様な立場の道徳の間で調整やバランス取りを試みる際に、何よりも対人関係上のトラブルが生じないように配慮する。自らが供給者の立場に置かれ、わがままな消費者と向き合っているときは、その意識がさらに高まる。道徳的であろうとすれば、自分のホンネ（本当の考え）を口にすることは避けなければならない。だがそのとき、トラブルを避けるために礼儀正しく親切に振る舞うことはホンネではない、というわけではない。ホンネはもはや本人にもわからないとも言えるし、そもそも最初から存在していないとも言える。その結果、「何が道徳的によい・正しいことか」をめぐる思考が、相手との微妙な駆け引きに置き換えられてしまう。自分もいくらかはわがままを言い、同時に相手にもいくらか配慮しつつ、わがままと我慢の適当な妥協点を探ることが道徳的思考であり、それをどこかで打ち切ることが道徳的判断をするということになる。

　第二に、情報消費社会では、ケアの倫理（第1章第1節）の中身が切り詰められ、責任という考えが狭隘(きょうあい)なものになる。ケアの原点は、他者の呼びかけに応えようとすること、つまり他者への応答責任(レスポンスビリティ)を引き受けるという意味での他者の受容にある(3)。たとえ共感や感情移入ができない相手であっても無視することなく、他者の他者性を尊重した上で、他者自身の物語に耳を傾け、そのことを通じて相手を支え、援けるという意味での他者の受け容れである。この意味でのケアは、男女を問わず人間という存在に根本的な倫理を宿している。

　ところが、一般にはケアは、相手の不安や不満を和らげ、心地よさや「いい気分」をもたらすための配慮や寄り添いや世話を指すことが多い。このような意味のケアは家事労働に顕著だからこそ、ケアの倫理は「女性の倫理」とも呼ばれてきた。その上で今日の社会では、ケアの多くは福祉・医療・教育産業を中心に商品として位置づけられている。そこでは消費者としての人は、自分がケアしてもらうだけでよく、自分自身は他者をケアする必要がない。他者の呼びかけに応えることとしての責任は、もっぱら供給者の立場にいる者のみが引き受けるようになった。供給者が負う他者への責任は、一般に「説明責任」（accoutability）と呼ばれる。説明責任とは、有り体に言えば、投資してくれた

利害関係者（納税者や株主など）の声に耳を傾け、彼らが求めている成果を上げようとする責任である。この説明責任の考え方は、昨今の社会の中で幅広く受け入れられるようになった。だが、この説明責任と、ケアの原義ともいえる応答責任との間には深い溝がある。

　応答責任は相手への問いかけ（「どうしたの？」）から始まり、双方向的でありうるのに対して、説明責任はクライエント（依頼者）やカスタマー（顧客）からの求めの受諾（「かしこまりました」）に伴うものであり、一方向的である。応答責任を果たそうとする者は相手の声を理解しようとし、相手のために何をすればよいのか考えるのに対して、説明責任を果たす者は、相手から自己を承認してもらうために自己を振り返る。応答責任は原理的には「無限責任」（レヴィナス／デリダ）であるが、説明責任は「有限責任」であって、相手に「成否」が判定されるまでの責任である。言い換えれば説明責任は一定の職務や役職に付随する責任であり、それが及ぶのは利害関係者のみである。そのため説明責任を強調すればするほど、（重要な）利害関係者以外の声には耳を傾けようとはしなくなる傾向がある。例を挙げれば、会社経営者は株価や収益を上げるという形で株主への説明責任を果たすために、遠く離れた場所の見知らぬ人びとに与える負の影響を気にしなくなるし、従業員の声を無視して解雇することをもためらわなくなる。要するに応答責任は倫理的責任であるが、説明責任は費用対効果をめぐる経済上の（次節第1項で言及するカントに従えば「私的な」）責任にほかならない。

　こうして説明責任は、「自らの成功・失敗には自らが責任を負う」という自己責任の考え方ともうまく符合する。その結果、利害関係者に対して自己の正当性をアピールするためであれば、しばしば「悪」をもいとわなくなる。説明責任を一定の期間内に確実に果たさなければならないとき、そのための証拠＝「エビデンス」が巧妙に偽装・捏造（ねつぞう）されることはめずらしくない。そもそも人に楽しみ喜んでもらえることを善と見なすこの社会では、より多くの人に注目され、楽しんでもらえたら嘘でも気にしない傾向がある。しかも幸か不幸か、情報化は「見たいものを本物であるかのように見せる」ためのデジタル情報技術をますます高度化させつつある。2016年末にはイギリス発の「ポスト真実」

(post-truth) という流行語が話題になったが、嘘やフェイク（偽物）を許容する政治が昨今世界中で蔓延しているのも、これらの事情と深い関係があると言えよう。

　こうして第三に、説明責任が応答責任を圧するようになったこの社会では、人びとが抱く多様な善（よいと思うもの）を調整するための対話は困難になる。多様な善の間でどのような共通善を設定し、優先順位を設け、相互寛容を図るかという公正・正義の問題は、民主主義社会では公共圏（多様な善や関心を抱いた人びとが寄り集う公共空間）における対話や討議を通じて解決していくほかない。だが、応答責任が軽視されるところでは、利害関係にない他者、見知らぬ他者や容易には理解できない他者と向き合うことは難しくなる。それらの人びとはかかわるべき他者とは見なされないからである。それどころか、"意味不明""不可解"な他者は不快・不愉快や苦痛を与える存在として忌避され、無視や排除の対象になりかねない。しかも、「知らない者からのメッセージや怪しいサイトは避けよ」というウェブ空間で身につけた作法が、そのような姿勢に拍車をかける。その結果この社会では、公正や正義が軽視され、合理的な目標と手段の計算に矮小化された「安全安心」ばかりが追求されるようになっていく。

　なるほど、この社会では膨大な言葉がやりとりされている。だがそこで饒舌なのは、説明責任を果たしたことを自己アピールする声や、さもなければ自らの主情的な善に閉じこもってウェブ空間に垂れ流す、他者への呪詛や排斥の言葉である。一方、既に指摘したように、この社会は他者への共感や感情移入を促す。けれども、共感する相手はあくまでも善を共有する"仲間"である。善を共有しない"よそ者"や"関係ない人"には無関心になるか、さもなければせいぜいトラブルのリスクを避けるためのマナーを求めるだけである。したがって、言葉や共感がどれほど溢れていても、そのような状況下では、多様な善を信じる人びとが寄り集まって議論する公共空間をうまく営んでいくことは難しい。

　以上、情報消費社会が新たに生み出す道徳的課題を三つほど挙げてみた。子どもたちは、この社会に適応するための道徳意識を身につけている場合でも、

その反面で新しい道徳的課題に直面しつつある。応答責任を活性化し、異質な他者との対話を促し、公正や正義といった公共の問題に焦点を当てながら道徳的思考を深め、道徳的判断力を鍛えるという課題である。今日、この課題はなぜ、どのような意味で重要なのだろうか。そのとき道徳教育はこの課題にどのように向き合えばよいのだろうか。次節で考えてみよう。

第3節　公共の問題について「考え、議論する」道徳教育

第1項　国民や市民という立場から考える

　戦後日本社会において「右肩上がり」の経済成長が続いた時代には、人びとはまじめに働きさえすればよかった。まじめに頑張るほど生活が豊かになり、社会も発展していったからである。そこでは欧米社会に「追いつけ、追い越せ」のかけ声の下で、ひたすら「経済成長」が目指された。道徳教育もまたその目標を達成するための仕掛けの一端を担った。勤勉や規律や従順の態度を養い、スピードと量を競うレースから落ちこぼれた青少年が非行・犯罪やいじめ・自殺に走らないようにすることが、そこでは目指された。

　ところが、20世紀末以降、社会状況は大きく変貌しつつある。金融危機に伴う財政出動などのために国家が巨額の借金を抱え、少子高齢化が進み、グローバル化が進む中で産業構造や雇用形態が大きく変わり、経済の低成長から脱却できなくなり、地方から衰退が始まったのである。従来の「成長」路線は物質的な豊かさをもたらしたものの、人の生き方・働き方を貧しくしたり、環境を破壊したりするなどの負の遺産をもたらすこともまた自覚されてきた。そこに阪神淡路大震災や東日本大震災などの巨大災害だけでなく、東京電力福島第一原発事故という未曾有の人災も加わった。依然として経済成長という見果てぬ夢を追いかけ、それを通じて問題を一挙に解消しようと考えている人びともたしかにいる。しかしそのような試みはもはや成功する見込みは少なく、逆に将来世代に多大な負債を押しつける可能性のほうが高まっている。こうして日本社会は——先進国全体が似たような状況に置かれているが——大きな転換期を

迎えるようになった。急激な成長期を終えてフィジカルな能力の向上が望めないばかりか、あちこちに怪我や故障を抱えているスポーツ選手にたとえてみるとわかりやすい。怪我や故障の治療に努めながら競技のスタイルを変え、競技スポーツだけでなく生涯スポーツも楽しむようにし、競技者に尽きない充実した人生を切り拓いていく「成熟」という課題に向き合う時期に至ったということである。

そこでは社会は、複雑かつ困難な問題の打開や解決を試みる中で、従来にはない選択肢を創造し、よりよき（ましな）社会を築いていくという道徳的－政治的な課題に直面する。問いは多様な答え（社会のあり方・人びとの生き方）に開かれており、唯一の正解はない。そこには希望もあるとはいえ、反面いずれの選択肢も何かを犠牲にしたり失ったりすることを覚悟しなければならないだろう。そのため公共圏において論点・争点を明確にし、多様な角度から議論を重ねることを通じて、解決策を探っていかなければならない。

こうして社会が構造的な転換を求められると、教育のあり方もまた根本的な問い直しを迫られる。大量の知識を効率よく吸収することや問題の決まり切った解き方を身につけることではなく、未知の課題に対処し、答えの定まらない問題を解決する力が求められるようになったのである。従来のやり方が行き詰まっている中で、自立した責任ある人間として、他者と対話し協働しながら、よりよき選択肢を考え出し、実現できる力が国民に求められるようになったのだ。その最初の明確な表れが、「いかに社会が変化しようと、自分で課題を見つけ、自ら学び、自ら考え、主体的に判断し、行動し、よりよく問題を解決する資質や能力」や「自らを律しつつ、他人とともに協調し、他人を思いやる心や感動する心など、豊かな人間性」にもとづく「生きる力」の教育であった[4]。2017（平成29）年改訂学習指導要領では「主体的・対話的で深い学び」（アクティブラーニング）が求められるが、この学びも近未来（2030年）の社会の不透明さに対応できる力の形成を目指している。「考え、議論する道徳」としての道徳科も、もちろんこの流れの延長上にある。

だが現実は皮肉である。前節で述べたように、情報消費社会の中では人は、他者と対話し、公共の問題について思考することが総じて苦手になるからだ。

単なる消費者であれば、自分の声を聴いてほしいとは思うばかりで、他人の声には耳を傾けようとはしない。あるいは商品の供給者として説明責任を果たそうとする人は、利害関係者からの期待や要望に応えようとするだけになる。そしていずれの場合でも、自己責任の考え方が基調としてあり、利害関係者や身近な人間関係以外の文字通りの他者に対しては応答する責任を感じない。したがって、この社会の流儀にどっぷり浸かっている人には、互いに他者である人びとが対話や議論を通じて相互理解を深め、必要に応じて合意を作り出していくための公共圏が視界に入ってこないし、その意義も理解できない。学校の教室でも、「自力でなんとかせよ」という空気が広がり、「何をしても無駄」という無力感が漂いがちになる[5]。

そこにあるのは、社会の変化の結果として必要とされるようになった能力や態度を、その同じ社会が蝕んでいくという逆説にほかならない。それを乗り越えていくためには、消費者や供給者の立場を超えて思考する訓練の機会を公教育が提供するしかない。すなわち、国民や市民という立場から公共圏において思考し判断する訓練である。重力がのしかかる中で高く跳べる力をつけさせるのにも似た困難な教育であるが、公教育がその課題を担わなければ社会全体が沈んでしまうかもしれないのである。

そもそもなぜ公教育を担う学校でわざわざ道徳教育をする必要があるのか。近代国家の誕生こそが学校教育制度を必要とし、「国民」形成のために道徳教育が必要とされてきた歴史に立ち帰れば、答えは自ずと見えてくる。生活の中で身につけた道徳を国家・社会という観点から捉え直すということである。国民を天皇の「臣民」として位置づけ、「忠孝」の道徳に従うことを求めた戦前とは異なり、国民を国家の主権者として位置づけている戦後日本社会においては、主権者という立場から道徳について考えることこそが、学校における道徳教育の役割だと言える。つまり正義、自由、平等、権利、義務、責任、福祉、安全、連帯、平和、戦争、等々の道徳的‐政治的テーマや問題について、主権者たるにふさわしい見解を持ち、それを他者と議論しながら洗練させていくということだ。

とはいえ、国民という立場に固執すると、地域社会に根差した問題やグロー

バル社会が共有する問題には対応できないことがある。国民であると同時にそれを超える側面をもった人びとを市民と呼べば、国民国家が揺らぐ今日、市民という立場でなければ対処できない道徳の問題がますます増えつつある。カントの「理性の公的な使用」(6)の用法に従えば、自己が所属する諸集団（国家を含む）の利益のための理性の使用も「私的な」ものでしかない。職務や役職に囚われず、ひとりの学徒として、自己が属する諸集団の外側にいる人びとに向けて自由に批判的な議論をするとき、そのとき初めて理性は公共のために用いられるのである。「平和で民主的な国家及び社会の形成者」としての「国民の育成」という「教育の目的」（教育基本法第1条）も、このカント的な公共性を踏まえなければ、「世界の平和と人類の福祉の向上に貢献すること」（教育基本法前文）には到底つながりそうになく、逆に「国家」や「社会」の内部で分断を招きかねない。

　単なるおしゃべりではなく、公共の問題をめぐって対話をする場である公共圏や公共的空間（領域）では、政治学者のアーレント（Hannah Arendt）によれば、人はそれぞれ取り替え不可能な存在として現われる。互いに議論を交わす公共圏とは、他の誰でもないその人らしさが浮き彫りになる「現われ（appearance）の空間」なのである(7)。学校・教室で一人ひとりが固有の存在として現われ、ありきたりのレッテルや決まり切ったカテゴリーに回収されず、誰かに耳を傾けてもらって誰もが無視されない関係が成立するとき、いじめは簡単には起きそうにない。だとすれば、対話すること自体が道徳教育として機能すると言うこともできよう。

第2項　貧困がもたらす「生命尊重」の危機

　では道徳科では、どのような問題について、どこまで・どのように考え、議論すればよいのか。具体例に拠りながらその可能性について考えてみよう。
　社会が直面する道徳的‐政治的な課題を学校教育でそのまま取り上げる必要はない。小中学生どころか、大人でも考えあぐねる問題は少なくないからである。けれども、そのように難易度の高い問題でも、身のまわりにあふれ、子どもたちが日常的に関心を持っていることは少なくない。その場合、高校に新設

予定の科目「公共」で本格的に考え議論する前段階として、道徳科で探究の取っ掛かりを作っておくことはできる。しかも幸いなことに、現実の社会問題とは異なり、学校の道徳教育における問題解決は思考実験でよく、無理やり決着させる必要もなければ、判断の結果への社会的責任を負う必要もない。（外部からの政治介入がない限り）現実政治特有のしがらみに巻き込まれないですむ一方、思考の過程を経験することにより、問題への関心を高めることができるのである。

　さてここで公共の問題の一例として取り上げるのは、生きることが困難になっているという問題である。社会の消費化や情報化が既にかなり進行している事態だとすれば、以下で考えてみるのは、「生きる力」がことさらに求められて以来とはいえ、むしろこれから本格的に進行する可能性のある社会変容である。今日の日本社会では「生命尊重」は、（実際には「漏れ」があるとはいえ）当たり前の価値と見なされている。しかしながらこれからの社会では、生活をめぐって困難な状況に置かれる人びとが飛躍的に増え、「生命尊重」や「人間尊重の精神と生命に対する畏敬の念」（小・中学校学習指導要領「総則」）が当たり前ではなくなるほどに綻び、今日よりずっと切実な道徳的価値として浮上してくる可能性がある。そのとき道徳教育はその問題にどのように向き合えばよいだろうか。

　これからの社会で人びとの生命を危機にさらしかねない要因としては、自然災害、環境破壊・地球温暖化、戦争、原子力事故・核兵器、などがすぐに挙げられよう。だがそれらは、道徳的問題というよりも「いかに防ぐか・対処するか」という技術的問題として受け止められがちである。そこでここでは、それらよりもずっと大きな道徳的議論を呼びそうな問題を取り上げてみたい。貧困の問題である。

　カネ、情報、モノ、人が簡単に国境を越えるグローバル化の進行に伴い、近年世界各地で大きな「格差」が生じ、それに伴い貧困層が増大している。この現象は、その中で資産を増やし、社会的立場の優位性を高めつつある特権層の陰謀・策略やプロパガンダ（政治的宣伝・誘導）の成果として説明されがちである。だが、少数の特権層が横暴な振る舞いにいたるのであれば、民主主義社

会ではその狼藉を容易にくいとめられるはず。それができないのは大衆が愚かで騙されているからという説明も時になされるが、それも安直にすぎる。貧困が放置され、所得再分配が進まない点に目を向ければ、むしろ人びとの道徳意識の変化がこの現象を下支えしていると言えるのである。

　1980年代以降、低成長の限界を、経済過程そのものの合理化によって克服しようという考え方が威力を増してきた。規制緩和や公的サービスの市場化によって競争を促すだけでなく、労働力をコストと見なし、技術革新や工場移転を通じた人件費削減によって収益を高めるという発想である。それを率先して実行してきたのがグローバル企業であり、株主がそれを歓迎し、国家もまたそれを追認し促進することで経済成長を促そうとしてきた。

　しかしその結果、失業者に向ける眼差しは次第に変化していく。社会学者のバウマン（Zygmunt Bauman）によれば、欧米では失業者は、かつてのように「労働予備軍」と見なされるのではなく、「余剰」と見なされるようになった。人びとが失業すると、新たな仕事の場を求めて「リサイクル」を待つ人ではなく、「無用者」や「廃棄物」という扱いを受けるようになり、救済の対象から不安や恐怖の対象へと変わってきているということである。そのとき、底辺層や失業者を救済の対象として見ることを許さなくしているのが、自己責任という考え方である。自らの自由な選択の結果として失業し、貧困層に転落しているのであり、自業自得だというわけである[8]。

　このように人間が「無用者」や「廃棄物」扱いをされる可能性は、今後人工知能（AI）が急速かつ飛躍的に進歩することによっても高まるおそれがある。AIの進歩によって2010年代初めの仕事の半分ほどが10〜20年後には機械に代替可能になる、などの未来予測がある[9]。そのとき、仕事を奪われた人びとはいったいどのような生活を送るのだろうか。なるほど、AIの進歩は技術革新の一環であって、新産業への転換が進めば雇用の心配は要らないという見方もあろう。事実、産業革命による機械化はそれまでの人間の仕事の多くを不要なものにしてきたが、人びとは教育を通じて新しい職種に就くための能力を身につけ、この危機を乗り越えるどころか、雇用を拡大して飛躍的な経済成長を成し遂げた。けれども、これと同様のことが今後も起こるかははなはだ不透明

である。既に先進国では需要が伸び悩んでいる上に、大量の人手を要する新産業の見通しは立っていないからである。しかも情報消費社会では、仕事に必要な能力の中身がたえず変化するので、教育をたえず受け続けなければならない。だが、ますます高まるであろうその変化のスピードにどれほどの人間がついていけるか疑問であるし、そのための費用を自己責任の社会でどのようにして調達するのか、その目途も立っていない。

しかも、あろうことか金融自由化がもたした金融資本主義の世界では、ルーティンワーカーやクリエイテブワーカーとも異なるタイプの人びとが次第に幅を利かせるようになり、自己犠牲の道徳と共感の道徳のいずれをも冷笑するようになっている。善はもっぱら「儲け」に回収され、「稼げる」ものであれば何でも善になる。その世界の住人は災害や賭博や虚偽情報ですら金儲けの手段として用い、その結果誰かを苦しめても、道徳的非難の対象になるとは思っていない。

2017年改訂学習指導要領が想定している2030年頃の社会では、今日見られるこのような傾向が支配的になって、多くの人びとの「生命尊重」の価値が危機に瀕する可能性がある。そのような社会に向けて、これからの道徳教育にいったい何ができるだろうか。

第3項　生きることが困難な時代の道徳教育

生命尊重や勤勉を説く道徳教育を通じてこの危機を乗り越えようとするのは、おそらく出来のわるいジョークでしかない。生命軽視や"怠惰"は社会の構造的な変化から生じたのであり、個人の「道徳心」に働きかけるだけでは問題は解決しないからである。先述のバウマンの見解[10]に従えば、働いていないことを問題視して「労働倫理」を説くと、問題は解決しないどころか、事態はむしろ悪化する。貧困層が労働倫理の欠落した者たちとして嫌悪され、やがては犯罪者であるかのように憎悪されて、貧困者の排除が社会的に正当化されてしまうからである。そのような状況下で生活困難な人びとへの道徳的配慮を説くと、配慮される側に対する反感や反発が高まりかねない。道徳的配慮がなされたとしても、配慮される側が負い目を感じて萎縮を余儀なくされ、さらに

は配慮が免罪符となって、問題の構造が一層強化されることになりかねない。

　この危機を打開する手がかりは、価値を教える旧来型の道徳教育ではなく、「考え、議論する」ことを前提とした新しいタイプの道徳教育（その「要（かなめ）」としての道徳科）にあると言える。いったいどういうことか。補助線を引いた上で説明しよう。

　前項で述べた近未来像は全く絶望的である。このような絶望を一歩先んじて実感しつつある欧米社会では、この絶望から脱却する試みが始まりつつある。まず特権層の観点から言えば、多数の人びとに雇用がない社会ができると、購買力のある消費者が減って需要が縮小し、国民経済も弱体化して、結果的に自分たちもまた経済的な打撃を受ける。合理化の追求には逆説（非合理的帰結）が伴うのであり、労働力という"コスト"のカットは、巡りめぐって利を得るはずの側も多大な損害を被りかねないことが自覚されつつある。

　それに応じるかのように、一般の人びとの意識や政治の中には、福祉国家の解体につながる「小さな政府」路線を問い直そうとする動きが見られる。なかでも興味深いのはベーシックインカム（basic income）の考え方である。社会保障制度の廃止と引き換えに、就労していない人を含む総ての国民に基本的生活を保障するための費用を政府が給付するという制度である。導入への反対が多数を占めたとはいえ、既にスイスでは2016年にそれをめぐって国民投票も行われた。フィンランドでは2017年1月から国家レベルでの試行実験が始まっている。欧州議会の法務委員会も2017年1月に議論を促す報告書を可決した。もしこの制度が実現すると、生活が労働に左右されない社会が実現し、道徳・倫理もまた労働から自立する画期的な事態が生じる可能性がある。

　ここにおいて道徳科の出番となる。未来にこのような可能性があるとき、そのような未来社会の意義と限界、可能性と課題について考えることで、将来社会に生きる主権者を育成していくのである。現実的な政策論争は小中学生には難しいとしても、なぜ我々は働くのか、労働と生活が切り離された社会ではどのような生き方が可能になるのか、その生き方は個人や社会にとってどのような意味を持つのか（たとえば幸福か公正か）、等々について各人の考えを自由に語ることはできる。もう少し高度な問題にも付いていけるようなら、貧困層

を包摂し、国民の分断を防ぐための愛国心について、あるいは自国礼賛に終始する内向きのナショナリズムについて、さらには愛国心だけでは対応しがたい外国人難民の問題について考えてみてもよい。

　これらの問題については、今日の大人たちの多くも明確な考えを持っているわけではない。したがって、あえて極論を言えば、小中学生段階ではそこで何が語られるかはさほど重要ではない。子どもたちがお互いの声に耳を傾け、道徳の問題について共に考え議論する中で応答責任を果たそうとする実践に従事し、その意味や意義を実感することがまずは重要だからである。教室や学校が互いに語り聞き合う公共圏になれば、そこに参加するだけでも人を無用者扱いにはできないことを学べる。それ自身が他者尊重・人間尊重の価値を身につける道徳教育的効果を持つ。

　現状では、正解のない問題について考え議論することの意義は、子どもたちだけでなく教師にも十分に理解されていないかもしれない。であれば、その状況の打破を道徳科の当面の課題としてもよい。そのとき、子どもたちと教師だけでなく、保護者や地域の人びとをも、このような「本当の」問題をめぐる「本気の」議論に参加するよう誘ってみればよい。子どもたちの応答責任の実践は、より充実したものになるはずだからである。

　学校における道徳教育とは、道徳を欠いている者を道徳的な存在にすることではない。子どもたちは日々の生活を通じて既に一定の道徳を身につけているからである。しかもその道徳は社会の変化を通じて時に大きく変容する（本章第2節）。生活に根差した道徳が何かを理解しないまま臨めば、道徳教育はつねに子どもたちとすれ違ったままになろう。とはいえ、間違った道徳を身につけている者に対して正しい道徳を突きつけ、説き伏せることが道徳教育だというわけでもない。科学教育の場合と基本的には同じだが、既に身についている「素朴概念」としての道徳の中にある可能性を活かしつつ、より考え抜かれ洗練されたものへと、その素朴概念を自らの力で組みかえていくように支援するのが道徳教育だと言えるのである。

　そのために必要なのはまず、子どもたちにとって当たり前の道徳を改めて問い直し、その意義や限界を明らかにすることである。さらには、「平和で民主

的な国家及び社会」に必要な道徳を確認した上で、子どもたちの現状においてどのような道徳を補完あるいは補強する必要があるかを明確にすることである。具体的に言えば、まずは人びとの前で他者として現われる練習から始め、ケアに伴う応答する力を他者への応答責任の倫理へと拡張し、共感の道徳を対話の道徳に統合していくことを課題として位置づけることである。その上で道徳教育では、様々な人や事件や言葉と出会い、クラスメートから大人たちまでを含む多様な他者と対話する中で、自己の判断や行為をリフレクションすることを通じて、子ども自身が自己の道徳観を編み直していくのを促すのである。視点を換えて言えば、一定の社会の中で悩みもがきながら生きている子どもたちに、その苦境を乗り越え、よりよき生き方や社会を築くための手がかりを与えること、それが道徳教育なのである。

〈注〉

（1）土井隆義『非行少年の消滅──個性神話と少年犯罪』信山社出版、2003年、等。
（2）たとえば、2009年5月に日本政府が導入した「エコポイント制度」は、一定の経済効果をもたらした反面で、温暖化防止への貢献については疑問視されている（F．コールバッハ「日本における倫理的消費の現状──日本消費者調査の結果から」『中央調査報』No.681、5977-5983頁、2014年7月）。
（3）M．メイヤロフ（田村真・向野宣之訳）『ケアの本質──生きることの意味』ゆみる出版、1987年。
（4）中央教育審議会答申「21世紀を展望した我が国の教育の在り方について（第一次答申）」（1996年7月19日）。
（5）このような現状から脱却する教育実践の可能性については、渡部純「若者の政治的無力感を払拭するために──高校現場における政治／哲学教育の可能性」（『Journalism』第307号）も参照のこと。
（6）I．カント（篠田英雄訳）『啓蒙とは何か　他四篇』岩波書店、1950年、10頁以下。
（7）齋藤純一『公共性』岩波書店、2000年、第2章・1。
（8）Z．バウマン（伊藤茂訳）『新しい貧困──労働、消費主義、ニュープア』青土社、2008年、特に第4章。
（9）文科省「次期学習指導要領等に向けたこれまでの審議のまとめについて」（2016年8

月26日）でも同様の懸念が紹介されている（第1部・2）。
(10) バウマン、前掲書、141頁以下。

〈推薦図書〉

マイケル・サンデル（鬼澤忍訳）『それをお金で買いますか』ハヤカワ・ノンフィクション文庫、2014年。

松下良平編（田中智志・橋本美保監修）『道徳教育論』一藝社、2014年。

松下良平『道徳教育はホントに道徳的か？——「生きづらさ」の背景を探る』日本図書センター、2011年。

土井隆義『友だち地獄——「空気を読む」世代のサバイバル』ちくま新書、2008年。

品川哲彦『正義と境を接するもの——責任という原理とケアの倫理』ナカニシヤ出版、2007年。

第5章
発達に応じた道徳教育の展開と課題

第1節　小学校低学年

第1項　低学年児童の特徴

　小学校第1学年及び第2学年の児童は、知的能力の発達や学校などでの生活経験を通して、様々な関わりを広げていく時期である。そして、特に、人との関わりの中で、周囲の大人の行動を真似ることにより、社会性を育んでいく。

　心理学者ピアジェ（Jean Piaget）によれば、この時期は前操作的思考の段階から具体的操作の段階への移行期にあたる。想像を基に考えることもできるようになり、動植物などへも心で語りかけることができるようになってくるが、目立った見た目の特徴に規定されやすく、直感的思考とも言われる。学習においては、頭の中で行う操作だけでは内容理解が難しく、具体物を見たり、手で操作したりする活動が必要不可欠である。社会性については、少しずつ相手の立場で物事を考えることができるようになってくるが、グループによる遊びは、友人同士の結びつきが弱く、仲良く遊んでいるように見えても、一人ひとりはそのときの気分や興味・関心により、相手が異なるという流動的な特徴をもつ。

第2項　低学年児童の道徳性の特徴と配慮

　低学年児童の道徳性の実態は、幼児期の自己中心性を残しているという特徴を持っている。つまり、相手の立場を認めたり、理解したりすることが不十分ということであるが、次第に、学校における規則的な生活や仲間との遊びを通

して、周りの人は自分と異なる存在でることを理解できるようになってくる。

　善悪の判断については、教師や保護者など大人への絶対的な尊敬と信頼を持つため、大人の指示に忠実に従いながら、行なってよいことと悪いことについての理解ができるようになってくる。しかし、なぜ、決まりを守らなければならないのかという論理的な理由についての理解には、至っていないことが多い。

　したがって、基本的な生活習慣を身に付けることやうそを言わない、人を傷付けないなど、人としてしてはならないことや善悪について自覚させるような指導が大切である。そして、その上で社会生活に関わるきまりが身に付くよう繰り返し指導しながら、また、集団の一員として、みんなのために進んで働き役立とうとする意識を高めたり、より空想的な創造の世界を広げられるよう周りの人々や動植物等とのかかわりや自然との触れ合い、魅力的な読み物などを通して豊かな感性を育てたりできるよう配慮する必要がある。

　また、大人の権威を受け入れ素直に従う（大人の指示に忠実）という特徴については、コールバーグ（Lawrence Kohlberg）の道徳性発達段階を生かすことも有効である（発達段階については第6章参照）。低学年児童に多く見られる段階1（罰と服従）の考え方に基づけば、なぜきまりが必要なのかの理由を考えさせたり、また、自分以外の人などの立場から「感じ考えさせたりする」指導や授業づくりも必要である。低学年の場合、人や動植物など様々な立場になって、素直な感覚で感じたことや考えたりしたことを表現し合えることに強調をおくために、「感じ考えさせる道徳」が重視される。

第3項　低学年児童の道徳の授業

（1）道徳科における質の高い多様な指導方法

　全ての教科や領域の授業と同様に、道徳科においても、ねらいに関わる児童の実態に応じた授業を行うことにより、指導過程や成果等を評価でき、指導方法の質的改善にも生かしていかねばならない。

　道徳の授業づくりについて、2016（平成28）年7月に文科省の「道徳教育に係る評価等の在り方に関する専門家会議」（以下専門家会議）は、道徳教育の質的な転換を図るために、質の高い多様な指導方法の事例として、「読み物教

材の登場人物への自我関与が中心の学習」、「問題解決的な学習」、「道徳的行為に関する体験的な学習」の三つを挙げている[1]。専門家会議で示されたことをもとに、低学年児童の実態や配慮点を踏まえ道徳性を養うためには、たとえば、次のような点を重視した道徳の授業を実践することが効果的である。

・身近な生活経験に基づいた具体的な場面、特に、学校及び家庭生活上の出来事やそこでの様々な人と自分自身とのかかわりを取り上げる。
・動作化や役割演技、絵本などの有効活用を図り、他の人（登場人物）の立場になって（役割取得の機会）、判断や心情を想像し、感じ考えたり、認め理解し表現したりする。
・「なぜ、きまりは必要なのか」と、問題場面における道徳的諸価値の根拠を考えさせたり、児童の公正への主張に対して、相互扶助の関係に視点を当てて考えさせたりする。

上記は、児童が道徳的な事柄を具体的に「感じ考える」重要性を説くものである。以下、「感じ考える道徳」の授業づくりとして、二つの例を紹介する。

第4項　感じ考える道徳の授業

（1）学習指導案例Ⅰ（身近な生活経験や役割演技を生かす）

① 学　年　第1学年
② 主題名　生きものにやさしく（D－18　自然愛護）
③ 資料名　「シロクマ　ピース」（『わたしたちの道徳　小学校一・二年』文部科学省）
④ 資料やねらいとする道徳的価値、授業の構想

　日本で初めて、人間がシロクマを育てた話についてのコラムである。ここでは、どのような生き物にも命があり、それらに対するやさしい心をしっかりと育んでいくことが重要である。したがって、授業では、児童が日頃行なっている動植物の飼育栽培の経験を生かしたりすることで、動植物の不思議さや生命の力、共に生きようとする愛おしさ、自然や動植物を大事に守り育てていこうとする心情や態度を育んでいく。また、動物園など関係機関との連携を図った外部人材の活用も有効である。

⑤ 本時のねらい

　高市さんをはじめ、飼育員の人たちのお世話に対する深い愛情に共感するとともに、高市さんが動物を育てるときに大切にしていることを知ることにより、動植物を守り育てていこうとする道徳的心情や態度を育てる。

⑥ 展開

段階	学習活動と主な発問	■留意点　☆評価
導入	1．生き物を育てた経験について話し合う。 　○今までに、生き物を育てたことがありますか。そのとき、どのような気持ちで育てましたか。 　・家のインコが病気にならないでほしい。 　・飼っている犬が元気でいてほしい。ずっと一緒にお散歩したりしたい。　　など	■過去の生き物を育てた経験から、想起させる。（家や学校での飼育、栽培、生活科の取り組みを想起）発表
展開前段	2．「シロクマ　ピース」を読んで話し合う。 　○104頁の2枚の写真から、高市さんはどんな気持ちでお世話をしていたと思いますか。 　・大丈夫かな、しっかりお世話できるかな。 　・何がなんでもしっかりと育てるぞ。 　・かわいいなあ、大きくなれよ。　　など 　○観客に初めて紹介されているピースと高市さんの写真を見て、気付くことを教えてください。 　・高市さんをお母さんと思っている。 　・安心してなついている。　　など 　◎なぜ、ピースは大きく育つことができたのかな。 　・飼育員さんの優しいお世話のおかげ。 　・諦めないで一生懸命お世話をしたから。 　・心をこめて育てたから。　　など 3．高市さんが、動物を育てるときに、大切にしていることを知る。 　○高市さんのお話の中で、大切だと考えるところは、どんなことですか。 　・人間と同じ命。 　・さいごまでしっかりそだててください。 　・いのちあるかぎり、そだていく。	■「わたしたちの道徳」104頁～を範読する。（104頁下段の写真を拡大して提示）ワークシート ■役割演技で、高市さんの心情を捉える。 ■人目を気にせず、高市さんになついている様子から、心のつながりに気付かせる。 ☆難しい飼育に、一生懸命取り組んできた深い愛情に気付いている。ワークシート ＊外部人材活用も可 ■「わたしたちの道徳」105頁を範読する。 　飼育で大切なことを発表させることで、動物を大切にしようとする心情を高める。

展開後段	4．動植物を大切にして、よい気持ちになったことについて交流する。 ○動植物を大切にして、よい気持ちになったことはありますか。 ・しおれかけていた朝顔に水をあげたら、元気になって花が咲いたので、嬉しかった。 ・飼っているインコに餌をあげたとき、とても喜ぶので嬉しくなりました。　　など	■日頃の経験を想起し交流し、身近なこととして捉える。 自分たちも動植物に対して優しい気持ちで、大切にしていたのかの理解につなげる。
終末	5．本時の学習を振り返り、感じ考えたことを書き発表する。 ○今日の学習で感じ考えたことを書いて、発表しよう。 ・動物のお世話をするとき、がんばりたい。 ・動植物の命も人間と同じように大切にしたい。 ・動物のことをもっと知りたい。　　など	■本時の学習を振返り、感じたことを書き、発表させる。 ワークシート ☆大切な動植物の接し方に気付いている。

⑦　授業記録（展開前段の役割演技による心情理解や共感の場面）

児童が高市さん役となり、シロクマのぬいぐるみを使用し表現する。

C（児童）：「ちゃんとミルクを飲むんだよ。」（ぬいぐるみを抱きながら）

C：「大丈夫かなあ。これから、どうやって育てていこうかな。たいへんだなあ。」（心配そうな顔で）

C：「かわいいなあ。大きくなれよ。」（抱いたぬいぐるみを左右に揺らし）

C：「よし、しっかりと育てるぞ。」（抱いたぬいぐるみを見つめて）

⑧　授業の振り返り（成果と課題）

　本授業では、役割演技を通して感じ考えるとともに、動物飼育で大切なことを理解することにより、高市さんの深い愛情に共感し価値理解を深めることができた。特に、役割演技では、見ている児童も登場人物の立場で感じ、また、多様な見方に触れることにより、ねらいに迫る発言につながった。

　展開後段の日常経験を想起し交流する場面では、多くの児童が自分との関わりで考え表現できていたが、動植物の飼育栽培経験には個人差も見られた。今後は実態を考慮し、他教科等との関連を深めた意図的な指導が必要である。また、感じ考えたことを表現できるよう、日常から全教育活動を通して、低学年としてのねらいに応じた書く力も身に付けていく必要がある。

⑨　活用するワークシート

道徳ワークシート

◇　高市さんは、どんな気持ちで　お世話をしていたと思いますか。

◇　なぜ、ピースは、大きく育つことができたのかな。

◇　今日の学習で、感じ考えたことを書きましょう。

（2）学習指導案例Ⅱ（役割取得の重視と道徳的価値の重要性の根拠を問う）

① 学　年　第2学年
② 主題名　「きまりを守る」（C-10規則尊重、B-6親切・思いやり）
③ 資料名　「どうする？ちはるさん」（荒木紀幸監修、道徳性発達研究会編『モラルジレンマ教材でする白熱討論の道徳授業小学校編』明治図書44-46頁）
④ 資料やねらいとする道徳的価値、授業の構想

　本資料では、「規則尊重」「親切・思いやり」という価値の間で起こる葛藤を通して、きまりを尊重することや生活面における自立、相手を思いやることについての考えを深め、判断する力を育んでいく。

⑤ モラルジレンマ授業の特徴

　モラルジレンマとは、二つ以上の道徳的価値の間で生じる当為をめぐる葛藤、あるいは一つの道徳的価値についての当為をめぐる葛藤のことである（モラルジレンマについては第6章参照）。

　また、授業で活用されるモラルジレンマ資料の意義について、荒木は、1）学習意欲の喚起、2）集団討議に基づくより高次の認知的葛藤の出現、3）問題解決のための認知方略（役割取得の積極的な利用）の学習、の三つをあげている[2]。授業の進め方については、⑧の展開で説明を加える。

⑥ 本時のねらい

　「規則尊重」「親切・思いやり」という価値の中で起こる葛藤場面で、登場人物のちはるさんやしんやくんに役割取得させ考えを表現することで、きまりを尊重することや生活面における自立、相手を思いやることについて深く考え、判断する力を育む。

⑦ 児童の道徳性の分析

表5-1-1　価値分析表（児童の道徳性の発達特性）

	えのぐをかすべき	えのぐをかすべきでない
段階1 【罰回避と従順志向】	・友だちにやさしくしたほうが、よい。 ・今日中に終わらないと、先生に叱られる。	・自分のものは、大切にしなければならない。

| 段階2
【道具的-互恵主義】 | ・自分が困ったときに助けてくれる。 | ・何回も貸していたら、またなくなってしまう。 |
| 段階3
【他者への同調、良い子志向】 | ・困ったときに助け合うのは、友だちとして当たり前である。 | ・貸すことは、しんやくんのためにならない。 |

出典：『モラルジレンマ教材でする白熱討論の道徳授業　小学校編』48頁

　表5-1-1は、児童の道徳性の実態を把握する視点である。教師は、これから扱う両方の価値判断について、日常の児童・生徒の様子から予想される判断・理由付け（論証）を発達段階に即して分析することができる。この理由付けが、最初の価値判断から最終の価値判断で、どのように変わったのか、または、深まったのかなどを吟味する視点として活用するのである。

⑧　展開

	学 習 活 動	教師の支援・留意点
導入	1　学校で、友だちから何かを貸してもらったことがあるかを聞く。 ◇　モラルジレンマの提示 　（状況の確認と道徳的葛藤の明確化） 2　モラルジレンマ教材「どうする？ちはるさん」を読み状況確認をする。 ◇　最初の判断・理由付け 3　ちはるさんは、どうすべきかを考え、書き込みカードに書く。	■身近な場面の想起。 ■教師による立ち止まり読み ■初めの判断を行い、書き込みカードに理由を書く。
展開・前段	◇　学級集団によるモラルディスカッション１ 　（質問・疑問・意見等） 4　モラルディスカッションをする。 ◇　意見の分類・整理（板書） 　貸すべき 　・ちはるさんは、優しい 　・先生にほめてもらえて嬉しい 　・今日中にぬり終える必要がある 　貸すべきでない 　・忘れたのはしんやくんだ	■ちはるさんの迷いの確認をする。 ■両方の立場からの理由を述べる。板書による整理 （モラルディスカッション１） ■各々考えたことを発表し、質疑を通し自分とどこが同じでどこが違うのかを知る。

	・忘れたときは友だちに貸してもらえばいいと思う ・これで、3回目だし、また、黄色の絵の具がなくなってしまう ◇　討論内容の焦点化	
展開・後段	◇　学級集団によるモラルディスカッション２ 　　（質問・疑問・意見等） ５　モラルディスカッションをする。 　① もし、絵の具を貸してくれたら、しんやくんはどう思うだろうか。 　② もし、絵の具を貸さなかったら、しんやくんはどう思うだろうか。 　③ このような場合、貸すことは思いやりと言えるだろうか。 　④ このような場合、貸さないことは思いやりがないということかな。 　思いやりの考えも各立場で異なる。	■役割取得を促したり（①、②）、道徳的価値の重要性の根拠を求めたり（③、④）する発問を行う。 発問例（①～④） （モラルディスカッション２） ＊役割演技を行うこともある。
終末	◇　最後の判断・理由付け ６　最終の判断を行い、理由を書く。 ○貸すべき、貸すべきでないから、たくさんの考えが出されました。最後に、どうすべきかを判断し、理由を書いてください。	■最終判断を行い、書き込みカードに理由を書く。※判断理由の変容をみる。

⑨　授業記録（展開後段の役割取得と道徳的価値の重要性の根拠を問う場面）

T（教師）：「もし、絵の具を貸してくれたら、しんやくんはどう思うかな。」
C（児童）：「うれしいと思う。」
C：「ちはるさんが忘れたときは、貸してあげようと思う。」
T：「もし、絵の具を貸さなかったら、しんやくんはどう思うかな。」
C：「えっ、今日は、どうして貸してくれないのかなあと思う。」
C：「どうしても貸してほしいんだ。今度は大切に使うし、絶対に忘れないから……、貸してと言うと思う。」

（略）

T：「このような場合、貸すことは、思いやりがあるということかな。」
C：「そう思う。」
C：「他の人が困っているのに、貸さないのは意地悪だと思う。」

C:「今日中に絵を完成させなければいけないので、貸すのは思いやりがあると思う。」

(略)

T:「このような場合、貸さないことは思いやりがないということかな。」
C:「貸してばっかりいると自分で持ってこなくても困らないから、貸さないことは、しんやくんへの思いやりだと思う。」
T:「貸すことが、しんやくんのためにはならないとうことですか。」
C:「はい。貸すことだけが、思いやりや優しさではないと思う。」
C:「自分のものは、自分で持ってくることが大切だと思う。」

⑩　授業の振り返り（成果と課題）

　本授業では、登場人物（しんやくんとちはるさん）に役割取得し考えたり、道徳的価値の重要性の根拠をディスカッションしたりすることで、友だちの多様な視点からの思いや考えを知り、最終判断の理由付けに深まりが見られた。特に、展開後段の「貸すことは、思いやりと言えるのか」、「貸さないことは、思いやりがないいうことか」などの発問により、道徳的価値の重要性の根拠について、「今日中に絵を完成させなければいけないので、貸すのは思いやりがあると思う」や「貸すことだけが、思いやりや優しさではないと思う」と言ったお互いの考えを、低学年なりに磨き合うことができた。こうした取り組みの継続が道徳性を養う上で効果的である。また、学校生活で見られる葛藤場面をもとに学習したことで、児童は意欲的に自分の思いや考えを表現できていた。

　一方で、低学年の実態から、単なる感情的な発言に固執する児童も見られた。したがって、明確なねらいのもと、教師の適切な舵取りによる目的意識や相手意識を大切にしたディスカッションの取り組みを重ねながら、自分と異なる考えにも賛同できることや認めることの大切さも日頃より指導する必要がある。

⑪　活用するワークシート等

　授業では、導入と終末の段階で、「主人公は、どうすべきか。」の判断と「その理由はなぜか。」の理由付けを記述させる。そのときに活用するのが、「判断理由付け書き込みカード」である。（同じ物を2枚用意しておく）

第5章　発達に応じた道徳教育の展開と課題

最初と最終の判断・理由付け書き込みカード

ちはるさんは、どうすべきでしょうか	
えのぐをかすべき	えのぐをかすべきでない
そう考えたりゆうは？	

⑫　活用した資料（「どうする？　ちはるさん」概略）

　ちはるさんは、友だち思いのやさしい女の子です。（略）こまっている人がいるとやさしくたすけてあげます。この前も、友だちのこうじくんが、きゅう食をこぼしたとき、自分のぞうきんでふいてあげました。
（略）
このことを見ていた、たんにんの先生が、
「今、ちはるさんが、こまっている人を見て、たすけてあげました。とてもかん心しました。」
と、ちはるさんのことをほめました。ちはるさんは、にこにこして、大へんうれしそうでした。
　ある図工の時間のことです。この時間は、自分の作品に色ぬりをし、かんせいさせることになっています。
　そのとき、となりのしんやくが、
「ああ黄色の絵のぐが、なくなっちゃったよー。どうしようかな。あっ、ちはるさん、かして！」
と、言いました。しんやくんから「絵のぐをかして。」と言われたのは、これが三ど目です。（略）
この前、かしてあげたときも、絵のぐがいっぺんになくなってしまいました。
「でも、かしてあげたほうが、いいかなあ。今日中にかんせいさせなければならない絵なのに、色ぬりができないと、とてもこまるだろうなあ。」
と、ちはるさんは、思いました。しんやくんに、「絵のぐをかして。」と言われたちはるさんは、こまってしまいました。

原作：上田仁紀、改作：須田慎二、棚澤実

〈注〉
（１）道徳教育に係る評価等の在り方に関する専門家会議報告『「特別の教科道徳」の指導

方法・評価等について（報告）』2016年、6-8頁。
（2）荒木紀幸・德永悦郎・山本逸郎・新垣千鶴子・岡田達也・加藤健志・永田彰寿・日野正行・野口裕展・畑耕二・松本朗・吉田重郎「モラルジレンマ資料を用いた小・中学校における道徳の授業実践――ジレンマ資料とその構造、および授業のための指導案」『学校教育学研究』第1巻、1989年、105-133頁。

〈推薦図書〉
荒木紀幸著『モラルジレンマで道徳の授業を変える』明治図書、2007年。
荒木紀幸監修、道徳性発達研究会編『モラルジレンマ教材でする白熱討論の道徳授業　小学校編』明治図書、2012年。
荒木紀幸・堀田泰永・糊澤実・松本朗編『考える道徳を創る「わたしたちの道徳」教材別ワークシート集1・2年編』明治図書、2015年。
糊澤実「若手教師におススメ！モラルジレンマ授業　小学校低学年『低学年なりの考えを生かせるような取り組みを大切に！』」『道徳教育』2015年11月号、明治図書、56-58頁。

第2節　小学校中学年

第1項　小学校中学年の特徴

「9歳の壁」「10歳の壁」という言葉がある。小学校低学年までは、「自分は何でもできる」という万能感を持っているが、中学年の頃になると、自分を他者と比較してみることができるようになり、自信を失ったり劣等感を持ったりするようになる。学習面でも、この頃から具体的レベルの思考から抽象的レベルの思考に徐々に移行していき、困難やつまずきが多く見られるようになる。その結果、進んでいる子、遅れがちな子というように徐々に差が目立つようになる。このように小学校中学年は、発達上、子ども達が越えなければならない、一つの節目である。

一方、この頃は、これまでの家族中心であった低学年の生活から離れ、仲間意識が強くなり、友だちを中心にした行動が増える。行動的にもなり、グループで遊ぶようになる「ギャングエイジ」と言われる頃である。これは、学校と

いう集団生活の場面でも、学習活動やその他様々な活動においてより自律的になるということであるが、それだけに親や教師からの干渉を徐々に嫌うようにもなってくる。

　このような成長に伴い、友だちのルール違反に厳しくなったり、親や教師への告げ口も多くなる。これは、主体的な判断ができるようになってきた証でもあるが、当然、友だちとの諍いも多くなってくる。これは人間の成長にとって欠かせない体験であり、友だちから言われた言葉で傷ついたり、逆に自分の言った言葉で友だちを傷つけたりと、様々な経験をしていく中で、大きく成長することができる年代であると言える。

第2項　小学校中学年の道徳性

　道徳性の発達に関しては、ピアジェは、大人の拘束と一方的な尊敬による他律の道徳から、協同と相互的尊敬による自律の道徳へ向かうものとし、12歳頃までの子どもの道徳性の発達過程を明らかにしている。一方、コールバーグは、本当の意味で道徳的思考が自律的となるのは25歳頃であるとした（コールバーグの発達段階については第6章参照）。コールバーグの道徳性発達段階の日本における年齢ごとの出現率について、荒木は図5-2-1のように示している[1]。

　図5-2-1より、小学校の間は、小学校4年生では、段階1が半数を、段階2が

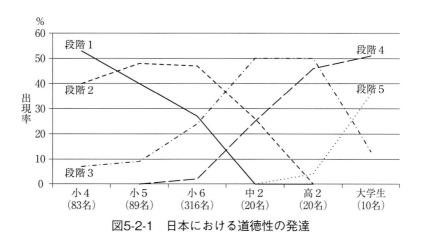

図5-2-1　日本における道徳性の発達

4割を占め、その後、高学年になるにつれ、段階1の割合が減少していくにつれ、段階3が上昇しているのがわかる。

　小学校中学年では、段階1、段階2の前慣習的水準が多数を占めているが、集団生活の充実による社会性の広がりが期待される年代であるということもあり、慣習的水準である段階3への発達を支援することが重要となる。

　これを道徳の学習に当てはめて考えると、低学年の間は、外部、特に大人からの影響を大きく受ける年代であるため、規範や模範となる事例を読んだり提示したりして考えることで、道徳的意識を高めることも有効であるが、仲間意識や社会性が大きくなる中学年では、それも行いながら、道徳的問題について自律的に考えたり、話し合ったりする学習活動を取り入れていくことが望まれる。

第3項　考える道徳授業の展開

　2015（平成27）年に改正された学習指導要領特別の教科道徳は、多様な価値観がある中で道徳の問題を考え続ける重要性が説かれ、「考え、議論する道徳」への転換が図られた。

　これを踏まえて、2016年に出された、道徳教育に係る評価等の在り方に関する専門家会議による「『特別の教科　道徳』の指導方法・評価等について」（報告）では、今後求められる道徳の指導方法として、①読み物教材の登場人物への自我関与が中心の学習、②問題解決的な学習、③道徳的行為に関する体験的な学習、が示されている。この趣旨と小学校中学年の特徴を踏まえた上で、道徳性を育成する道徳の指導方法として、以下に二つの授業例を示す。

　1　テーマ発問を活用して道徳的価値について考える授業
　2　判断場面を設定して道徳的価値について考える授業

　これらの授業例で扱う資料は、従来、共感型授業で使われてきたものである。そこで、それぞれ、「読み物教材の登場人物への自我関与が中心の学習」の授業例と、「問題解決的な学習」の授業例を示す。なお、「道徳的行為に関する体験的な学習」に関しては、問題場面を実際に体験してみたり、問題解決の役割演技を行ったりする授業であるため、ここでは割愛する。

1 テーマ発問を活用して道徳的価値について考える授業
（1）授業で用いる読み物資料
　① 資料名
　　「よわむし太郎」（出典：『わたしたちの道徳　小学校3・4年』、文部科学省）
　② 資料の概要
　　「よわむし太郎」とよばれた男は、村の子ども達と池に飛んでくる白い鳥を大切に世話していた。ある日、狩りに出て獲物が1匹も獲れなかった殿様は、村の池の白い鳥を撃ち殺そうと弓を構える。その時、太郎は命をかけて殿様の前に立ちはだかり、涙を流しながら、白い鳥を撃ち殺さないで欲しいと訴える。じっと太郎をにらんでいた殿様は、ゆっくり弓を下ろし城へ帰って行く。その後「よわむし太郎」という名前は、村から消えてしまった。
（2）読み物教材の登場人物への自我関与が中心の授業例
　　太郎の心情を自分との関わりで考えることで、正しいと思ったことを自信を持って行うことについて理解を深める展開
　① ねらい　正しいと思ったことは、自信を持って行おうとする心情を育てる。（A1　善悪の判断、自律、自由と責任）
　② 展開

	時間	学習活動（主な発問）	指導上の留意点
導入	5分	1　アンケートについて考える。 　○どんな気持ちでこのような「よい行い」をしたのですか。　価値への方向づけ	・「よい行い」のアンケートの結果を提示し、ねらいとする価値への方向づけをする。
展開	30分	2　資料を読んで話し合う。 　○太郎は、子ども達が白い鳥を大切にしているのを見て、どのように思っただろう。 　◎「お前も鳥といっしょに仕とめてしまうぞ。」と殿様に怒鳴られても、殿様の前に立ちはだ	太郎の気持ちを自分との関わりで考える ・太郎のやさしさや子ども達を思う気持ちに共感させる。 ・太郎のやさしさが行動の自信となってい

131

		かっていた太郎は、どのようなことを考えていただろう。 ○みんなが「よわむし太郎」と呼ばなくなったのはなぜだろう。	ることに気づかせる。 ・子ども達が太郎の姿に心打たれたことに気づかせる。
	5分	3 これまでの自分をふり返る。 ○授業の最初で聞いた「よい行い」をする時、太郎のように自信を持ってできましたか。それはなぜですか。 自我関与	・「よい行い」をした時の自分の気持ちについて振り返り、交流する。
終末	5分	4 教師の説話を聞く。	・教師の体験談を話す。

(3) テーマ発問

永田 (2013) は、「発問には、一点に深く掘り起こすことのできる『小さな発問』と人物や資料の全体、主題や価値にかかわって広く問うことのできる『大きな発問』とがある」とし、その中の「大きな発問」を主として「テーマ発問」と提唱している[(2)]。また、「テーマ発問」とは、資料の主題であるテーマそのものにかかわって、それを直接堀下げたり追求したりしようとする発問であると述べている。さらに、具体的な発問として、次の4種類をあげている。

○主人公の生き方そのものを問う
○主人公や資料の受けとめや疑問などを問う
○資料全体に着眼して変化や学びを問う
○主題に対する子ども自身の考えを問う

これらの発問で授業を方向づけることにより、これまで行われてきた登場人物の気持ちを考えたり共感したりする授業から、価値について考える授業に転換できる。

(4) テーマ発問を活用した問題解決的な授業例

テーマ発問を用いて問題解決に向けて追究することで、道徳的価値についての自分自身の考えを深める指導過程である。

① ねらい 正しいと思ったことを自信をもって行うことの大切さにつ

いて考える。(A-(1)　善悪の判断、自律、自由と責任)

② 展開

	時間	学習活動（主な発問）	指導上の留意点
導入	5分	1　アンケートについて考える。 ○「よい行い」をした時、迷いはありませんでしたか。 ○なぜ迷ったのですか。　問題の発見	・「よい行い」のアンケート結果を提示し、その中の道徳的問題を見つける。
展開	35分	2　「よわむし太郎」を読んで話し合う。 ○子ども達は、太郎のことを、なぜ「よわむし太郎」とよんでいたのですか。 ○太郎は、命を奪われるかもしれないのに、なぜ殿様の前から動かなかったのですか。 ◎太郎が大切にしていることは何ですか。また、それはなぜ大切なのですか。　テーマ発問による問題の探求 ○同じ場面に出会ったら自分ならどう行動しますか。それはなぜですか。　テーマ発問による問題の探求	・日頃の子ども達と太郎の関係を押さえる。 ・太郎の行動には迷いがなく、彼のやさしさが行動の自信となっていることに気づかせる。 ・太郎の行動を支える強い意志について考える。 ・人間の弱さにも目を向けさせる。
終末	5分	3　主題を自分の生活にあてはめて考える。 ○太郎の考えや行動から、これからの自分に生かせることはどんなことですか。　テーマ発問による問題の解決	・本時で学習した太郎の考えや行動を今後の生活に生かす方法を考える。

2　判断場面を設定して道徳的価値について考える授業

（1）授業で用いる読み物資料

① 資料名

「絵はがきと切手」（出典：『4年生のどうとく』　文渓堂）

② 資料の概要

料金不足の郵便を受け取ったひろ子は、送り主である友だちの正子に忠告すべきかどうか迷う。母は、「お礼だけ言う方がよい。」と言い、兄は、「ちゃんと教えてあげないとだめ。」と言う。ひろ子は迷った末、友

だちなら教えてあげるべきだという結論を出す。
（２）読み物教材の登場人物への自我関与が中心の授業例
　　ひろ子の心情を自分との関わりで考えることで、友だちのことを考えて行動することについて理解を深める展開
　① 　ねらい　友だちと互いに信頼し、助け合って友情を深めていこうとする心情を育てる。（B－(10) 友情、信頼）
　② 　展開

	時間	学習活動（主な発問）	指導上の留意点
導入	5分	1　友だちのよさについて発表する。 　○友だちがいてよかったと思うのは、どんなときですか。　価値への方向づけ	・ねらいとする価値を意識づける。
展開	30分	2　資料を読んで話し合う。　ひろ子の気持ちを自分との関わりで考える 　○ひろ子は絵はがきをもらったとき、どんな気持ちだっただろう。 　○母と兄の言葉を聞いて、ひろ子は心の中でどんなことを考えていただろう。 　◎部屋に戻ったひろ子は、どんな思いで手紙を書き始めたのだろう。 　○自分だったらひろ子のように行動するだろうか。それはなぜ？　自我関与	・うれしい気持ちと、その時の状態に注目させる。 ・母と兄の言葉を聞いたひろ子の気持ちに共感させる。 ・正子に料金不足のことを伝えようと決心したひろ子の思いを考える。
	5分	3　これまでの自分をふり返る。 　○ひろ子のように、友だちのためにと思ってしたことはありますか。　自我関与	・各自の友だち関係について振り返る。
終末	5分	4　教師の説話を聞く。	・教師の体験談を話す。

（３）判断場面の設定
　　2008年の小学校学習指導要領第３章道徳教育の第１目標前段には、「道徳教育の目標は、第１章総則の第１の２に示すところにより、学校の教育活動全体を通じて、道徳的な心情、判断力、実践意欲と態度などの道徳性を養うこととする。」とされている。これが、平成27年の小学校学

習指導要領解説特別の教科道徳編第３章特別の教科道徳の第１目標では、「第１章総則の第１の２に示す道徳教育の目標に基づき、よりよく生きるための基盤となる道徳性を養うため、道徳的諸価値についての理解を基に、自己を見つめ、物事を多面的・多角的に考え、自己の生き方についての考えを深める学習を通して、道徳的な判断力、心情、実践意欲と態度を育てる」と改訂されている。

　ここでは、従前のものに比べ、道徳的な判断力が先頭になり、判断する力が重視されている。そこで、授業の中に判断場面を設定し、その根拠を問うことで、価値について考える授業に転換できる。

（４）判断場面を設定した問題解決的な授業例

　　児童一人ひとりが、「ひろ子はどうすべきか」判断する場面を設定し、判断とその根拠を考えることで、友だちのために行動することについて問題解決的に考える展開

① ねらい

　　友だちを信頼し、助け合って友情を深めてくための判断力を養う。

（B-(10)　友情、信頼）

② 展開

	時間	学習活動（主な発問）	指導上の留意点
導入	5分	1　友だちのよさについて発表する。 　○友だちがいてよかったと思うのは、どんなときですか。　[価値への方向づけ]	・ねらいとする価値を意識づける。
展開	35分	2　資料前半を読んで話し合う。 　○ここでは、どんなことが問題になっていますか。 　　　　　　　　　　　　　　　　[問題の発見] 　◎ひろ子はどうすべきだろう。それはなぜ？ 　　　　　　　　　　　　　　　[問題の解決策の構想] 【料金不足だと教える】【料金不足のことは教えない】 　　　　↓　　　　　　　　　　↓ ○正子はひろ子の気持ちを分かってくれるだろうか。　○正子はまた同じ失敗をしないだろうか。	・資料を読んで、道徳的問題の状況を分析する。 ・ひろ子の葛藤状況について各自判断を行う。 ・それぞれの判断について、思考を深める発問を行う。

		3　資料後半を読んで話し合う。 　○料金不足のことを伝えようとしたひろ子が大切 　にしたことは何だろう。　問題の探求	・判断は両方考えられることを認めながらも、ひろ子が大切にしたことを考えさせる。
終末	5分	4　この話から学んだことを書く。 　○ひろ子の考えの中で、これからの自分に生かせ 　ることを書きましょう。　問題の解決	・本時で学習した考えや行動を今後の生活に生かす方法を考える。

〈注〉
（1）荒木紀幸「道徳性の発達に関するコールバーグ理論」荒木紀幸編著『道徳教育はこうすればおもしろい』北大路書房1988年、12-24頁。なお本調査は山岸明子「道徳判断の発達」『教育心理学研究第24巻』1976年、29-38頁や、荒木紀幸「コールバーグ理論と道徳の授業過程」水越敏行、梶田叡一編『授業と評価ジャーナルNo.6』明治図書、1985年、145-153頁の研究に基づいている。
（2）永田繁雄「道徳授業に『大きな発問』を取り入れる」『道徳教育』　5月号明治図書、2013年、73-75頁。

〈推薦図書〉
荒木紀幸・堀田泰永・楜澤実・松本朗編『考える道徳を創る「わたしたちの道徳」教材別ワークシート集　3・4年編』　明治図書、2015年。
荒木紀幸編著『考える道徳を創る　小学校　新モラルジレンマ教材と授業展開』明治図書、2017年。
荒木紀幸監修、道徳性発達研究会編『モラルジレンマ教材でする白熱討論の道徳授業＝小学校編』明治図書、2012年。

第3節　小学校高学年

第1項　小学校高学年の発達的特徴

　高学年の発達段階キーワードは「相手の立場に立って考えられる」ということである。『小学校指導要領解説　特別の教科道徳編』の内容項目の指導の観点からも伺える。たとえば、Bの「親切、思いやり」の低学年では「身近にいる人に温かい心で接し、親切にすること」、中学年では「相手のことを思いやり、進んで親切にすること」、高学年では「誰に対しても思いやりの心をもち、相手の立場に立って親切にすること」となっており、最終的には相手の立場に立ちながら考えようとすることが大切になってくる。だから、低学年で「自分にされて嫌なことは相手にもしないこと」という指導ができても、高学年になるとその指導ではうまくいかなくなることがある。なぜなら「自分はされても嫌じゃないから相手にした」という理屈で話すからである。そのようなときに上記のような発達段階を理解していれば、「相手にとって嫌なことはしないようにすること」というように相手の立場に立った考え方で指導することができる。

　このように相手の立場に立って考えられるようになってくるからこそ、教室内での空気をいい意味でも悪い意味でも読んでしまうことがある。Cの「よりよい学校生活、集団生活の充実」の低学年では「先生を敬愛し、学校の人々に親しんで、学級や学校の生活を楽しくすること」、中学年では「先生や学校の人々を敬愛し、みんなで協力し合って楽しい学級や学校をつくること」、高学年では「先生や学校の人々を敬愛し、みんなで協力し合ってよりよい学級や学校をつくるとともに、様々な集団の中での自分の役割を自覚して集団生活の充実に努めること」となっており、よりクラスがお互いの発言を聞き合うような雰囲気を大切にしていかなければならない。このような状態を日常の中で目指していかないとクラス内での発言が少なくなり、道徳科がつまらないものとなったり、特定の誰かの発言だけになってしまったりする。道徳教育を進めて

いく要がこのような状態になることは避けたい。

　だからこそ、高学年では道徳科の授業を進めていく上でも「相手の立場に立って考えられる」という発達段階を大切にして、子どもたちの本来持っているものを十分に引き出していくことに努めたい。

第2項　道徳科の実践

① 　主題名　「真心をもって」高学年Ｂ−（9）」
② 　教材名　「小さな一歩〜作法から学ぶ〜」（『小五教育技術』2008年11月号掲載）
③ 　ねらい　自分なりの作法を考えることを通して、相手のことを考えて心のこもった接し方ができるようにしていこうとする態度を養う。
④ 　教材の概要
　祖父から「真心の伝え方」を打ち水や掃除、箸(はし)の使い方を通して主人公ののかが学んでいくといった話である。ののかが打ち水に対して真心を感じる。よく周りを見てみると花が飾ってあったり、きれいに掃除がしてあったりすることに気づく。祖父が教えてくれた箸の使い方にも「真心を伝える」大切な要素が含まれていることを知る。気づきが高まったののかは自分自身を振り返り、「真心を伝えるため」にできることを探していく。
⑤ 　価値について
　「真心をもって接する」とはどういうことだろう。真心と言っても通常、心に思っただけでは他の人から見てわかるような形に表われることはない。真心を相手にわかる形で示すために、日本では作法というものを利用する。作法の目的は以下の三つの要素から成り立っていると言われている[1]。

　㋐　社会、ないし、集団の秩序の維持
　㋑　相手、または、人々に迷惑をかけない。不快感を与えないようにする。
　㋒　相手、または、人々を保護し、そうでなくても快感を与えるようにする。

　作法というと難しく考えがちであるが、「真心をもって接する」という視点にたって見れば身近にたくさんあるものである。相手の立場に立って考えることは生活場面では多くある。しかし、あいさつや整理整頓など些細なことに

第5章　発達に応じた道徳教育の展開と課題

「相手に対しての真心」が隠れているということに気づいていないことが多いのも現実である。今回は作法ということに視点をあて、「真心を伝えること」に気づき実践につなげていければと考えている。

⑥　指導の展開

学習活動と指導者の主な発問	指導上の留意点と評価
1　学習のねらいを知る。 　　　箸の使い方について知っていることを聞く。 　お箸について知っていることを教えてください。 ○今日は、身近なお箸がでてきます。作法から学んでいきましょう。	・価値ではなく、教材に入るための導入とする。(身近なものから学ぶというテーマにそえるように)
2　「小さな一歩〜作法から学ぶ〜」を読んで話し合う。 　一輪ざしの花やきれいな床を見てののかさんはどう思いましたか。 ・色々な心づかいができていてすごいな。 ・とても気持ちがいい。 ・いつもきれいにしていてすごいな。 　ののかさんが「ありがとう」と思えたのはなぜだろう。(「ありがとう」という気持ちになったのはなぜですか。) ・おじいちゃんに作法を教えてもらったから ・大切なことに気づかせてくれたから ・作法の大切さに気づけたから 　「心を伝えることができる行い」を他にも考えてみよう。 ・笑顔であいさつをする。・はきはきと言う。 ・ぞうきんをきれいに並べる。 ・机をきれいに並べる。・丁寧な言葉づかい。	・挿絵などを提示して考えていけるようにする。 ・身近なものに気づけていることが素晴らしいということが感じられるようにする。 ・真心に気づかせてもらったののかの気持ちに共感し、次の発問でたくさんの行動を探し、発言できるようにする。 ・グループでの話し合いを取り入れ、どんどん意見を出させるようにしていく。
3　作法から学んだことを通して、これから生かせることを考える。 　このような行いを通してこれからみなさんはどんな心を伝えていきたいですか。 ・人を大切にする心・物を大切にする心	・何をもとに「真心」を伝えていきたいのかの具体的な例があがるよ 

139

・きれいにする心・相手を気持ちよくする心 4　学習のまとめをする。 　　作法とマナー・エチケットの違いについて 5　感想を書く。	うにしていき、周りに広められるようにする。 1）マナー・エチケット 　　相手を不愉快にさせない。 2）作法 　　上記＋相手に心地よさをもたらす。

⑦　指導のポイント

　導入では「価値への導入」と「教材への導入」があるが、今回は身近な箸からも学べるという意図もあり教材への導入とした。「お箸からどんなことを学ぶと思いますか。」ということを問うことで身の周りからも学

べるという意識を子どもたちにもたせることができた。また、教材中に箸の使い方について触れているので給食などでの体験にもつながりやすい。そしてお箸を使うたびにこの授業が思い出されるところが良いと感じる。

　教材では「色々な行いや飾りに思いが込められている」という知識も伝えている。道徳教育では知識として与えていくことも大切である。この授業ではその知識を活用して考えていくということを進めた。

　生活に返すところでは、どんな行いがあるかについてグループで話し合いをすることで、様々な生活場面から問題解決的な学習の要素を取り入れて多様な意見を出させる。そのことが次への発問につながり、ただ「～をする」ということではなく、「その行いにどんな思いを込めて進めていこうとしているのか」を大切にしながら授業を進めることができる。

⑧　教材（「小さな一歩～作法に学ぶ～」）

　「すごい！心づかいって大切だなあ。」

　夏休みにおじいちゃんの家に行ったときのことです。

　「ののかよく来たね。お父さんとお母さんもごくろうさま。」

いつものようにおじいちゃんは笑顔で言ってくれました。
　暑い日でしたが、ひんやりとした風が吹いていて、玄関前が涼しく感じられました。
　「おじゃまします。ここは涼しいね。」と言うと、
　「打ち水をしておいたのよ。来てくれる人がいい気持ちで家に入ってもらえるとうれしいからね。」とおばあちゃんがにこにこしながら言いました。
　家に入り、改めて周りをよく見てみると一つ一つ気をつかっていることがよく分かります。ところどころに一輪挿しの花が飾られてあったり、床がとてもきれいに磨かれてあったりなど、今まで気がつかなかったところに目が行きました。
　「ののかもよく気づくようになったね。今日はね、もっと簡単だけど、毎日できる心の伝え方を教えてあげよう。実はこれを使うんだよ。」
　とおじいちゃんが箸をもって言いました。
　（どういうことだろう。）と思っていると「箸の扱い方の実演」が始まりました。
　はじめは箸の取り上げ方です。箸置きに置いてある箸の右側を右手で取り上げます。左手で箸の左側を支えて右手で持ちかえます。
　次は切り身の魚の食べ方です。切り身は箸で左側から一口大に切って食べます。
　「すごいなあ。お箸を使うのにこんなに丁寧にしたことないわ。」
と言うと、
　「お箸はね、きれいに使うと美しい心が伝わるけれど、心が伝わらない使い方もあるんだよ。」と言って、やってはいけない箸の使い方も教えてくれました。
　料理を突き刺して食べる「刺し箸」。
　器にかけて橋のようにしておく「渡し箸」。
　箸を口の中にいれてなめる「ねぶり箸」。
　「あっ私もやったことある。」と思わず言ってしまうくらい箸の使い方を知らないことに気がつきました。+
　「これはね、作法といって相手を気持ちよくさせるためのものなんだよ。相

手を思う心を形で伝えていくための大切な行いなんだ。」とおじいちゃんは言いました。
　おじいちゃんは、
「こういったお箸のこともそうなんだけれど、もっと身近に心を伝える行いがあるんだ。そういう礼儀作法にどれだけの人が気づいているのかな。」
となんだか残念そうでした。
「目の前にあるお箸からだったけれどとても勉強になったわ。おじいちゃんありがとう。私もがんばってみるね。」
　私はこのことをきっかけに『心を伝えることができる行い』について考えてみようと思いました。
　家に帰ってから、自分のことを見直してみました。起きる時刻ねる時刻・あいさつ・かたづけ・言葉づかい・やくそく・わがまま・わすれもの・お手伝い・けじめ・他人への思いやり・メール……いろいろなことが気になり、（心づかいができていたかな。）、などと、自分に問いかけてみました。
　小さな一歩だけれど大きな心の一歩を歩んだ気持ちでいっぱいです。

第3項　道徳科で大切にしたいこと

　高学年においては「相手の立場に立って考える」ことができる段階であると『学習指導要領解説』をもとに説明した。その発達段階をさらに生かしていくために道徳科の指導で大切にしたいことをまとめる。
〈教材の見方〉
　教材を分析していくときに見方そのもので授業が変わってくる。教材には感動教材、知見教材、葛藤教材があり、それぞれを「範例的に」「感動的に」「共感的に」「体験的に」「批判的に」見ていくことも可能である。
　たとえば、本教材を範例的な展開で扱うと、おじいちゃんの行動や言動を範例的に扱い「おじいちゃんはこのように言っていますがどう思いますか」と発問する。先人の知恵もあり作法もできているところからの意見で発問もわかりやすく感じる。しかし、範例的になるには批判の対象が必ずある。ここでは作法を教えていない保護者や作法を知らない子どもたち。礼儀は大切と知りなが

らできていないからである。
　教材を共感的に扱うと上記と視点が変わる。おじいちゃんの行動・言動は価値の理解として大切にするが、考えさせたいところを変える。ののかが「おじいちゃんありがとう」と言ったところを共感的に扱う。おじいちゃんの行為に対して「ありがとう」って言えたののかは、おじいちゃんの行為から本来自分のもつ良さが引き出されたのである。今回の授業は共感的に扱い、相手の立場に立って作法の素晴らしさを充分に感じることで判断力の育成につなげていくことができる。
〈子どもたちの授業への「心構え」を大切にする〉
　他教科と違い、特別の教科であることからも子どもたちの心構えは大切にしたい。大切にしたい心構えは主に三つある。
①　あたたかい気もちで進める
　ケンカしてもその気持ちを授業に持ち込まない。人にも自分にもあたたかい気持ちで授業に向かう。心の切り替えの訓練が必要。
②　自ら気づく
　自分で気づくと次への活力になることを伝える。（楽しい。自信がつく。考えたくなる。）この繰り返しで進むと指導者が「何をするのか」「何を言うのか」を考えたくなる。アクティブ・ラーニングの一歩になる。
③　みんなに伝える（伝え合う）
　自ら気づいたことを発信することでさらに気づきが得られる。発言することも大切。発言できなかったときも感想を書いて思いを伝える。
〈本来もっているものを引き出す〜教師の「心構え」〜〉
　指導者として大切にしていきたいことは、「子どもたちが本来もっているものを引き出す」ことである。そのために教材があって、発問や板書、ワークシート等がある。こういった目的から外れてしまうと授業そのものがずれてしまうことがある。教材を用いているにもかかわらず、登場人物の想いや心情を理解させずに、唐突に「君たちならどうする」、「あなたはどう思いますか」と問うことがある。このような授業を進める指導者は、「本音で語ってくれない」、「良いことしか発言しない」と愚痴をこぼす時がある。しかし、子どもたちは直接

的に言えないことであっても、登場人物の気持ちを通して、間接的に本音を語っていることが多い。道徳の時間に教材を用いる最大の利点はここにある。もし、上記の「君たちならどうする」といった問いですべてを展開するのであれば、子どもたちの道徳的価値への理解が弱まり、安易な決意表明や「処世術」を迫ることになってしまうであろう。さらに言えば、子どもたちの発言に隠された本当の意味を見逃してしまうのである。

　実践で扱っている作法についても、日常はそこまで真心をもって行動していない子どもでも、授業の時には登場人物を通して本来自分の中で持っているものをあたたかい気もちで発言することがある。そういった発言を認めていくことを繰り返すことで、日常の子どもたちの変わるきっかけを与えていくことも意識したい。

第4項　課題

　高学年は低学年や中学年と違い、日常の生活に結び付けようとすればするほど、子どもたちにとって道徳科の授業が「先生の求めていることを答えるだけのつまらないもの」になってしまう。その結果、高学年になると思っていることをみんなの前で発言することが減ってしまい、思い描く道徳科の授業が台無しになることもある。これは授業を受けた全ての子どもにすぐに結果（行動）を求めてしまい、出来なかった子どもへ道徳科の授業で深めたことを例に挙げて指導してしまうからである。もちろん感動教材で感動的に扱った授業により劇的な結果をもたらすものもあるが、一時間一時間の繰り返しにより判断力が高まり、日常の生活にも良い影響となって出てくるものもあるので、バランスを考えて一時間で結果をすぐに求めずじっくりと進めていければよい。

　高学年は話が実際にあったことなのかどうかを気にする傾向もある。今後教科書が登場することによって、その時期にあったタイムリーな動画や新聞などを取り入れた価値の理解などは計画的に使いにくいことが予想される。そこでタイムリーな教材の効果的な活用についても、今後考えていく必要があると考えている。

〈注〉
(1) 林實「作法心得」参照（INなら、2017年2月1日確認）。

〈推薦図書〉
田沼茂紀『人間力を育む道徳教育の理論と方法』2011年、北樹出版。
赤坂真二『"荒れ"への「予防」と「治療」のコツ』2008年、日本標準。
武光誠『日本人なら知っておきたい！所作の「型」』2014年、青春出版社。

第4節　中学校

第1項　中学校での道徳教育

（1）中学生の発達段階と道徳教育

　中学生は、個の発達や性格、生活環境で差はあっても、皆、どうしたら気持ちよく友だちや家族と関わり毎日を過ごせるのか、どうしたら自分がなりたいと思う人になれるのか、生きる意味や生き方についてさまざまに考えたり悩んだりしている。中学校学習指導要領「第3章　特別の教科　道徳」の「第1　目標」では「第1章　総則の第1の2に示す道徳教育の目標に基づき、よりよく生きるための基盤となる道徳性を養うため、道徳的諸価値についての理解を基に、自己を見つめ、物事を広い視野から多面的・多角的に考え、人間としての生き方についての考えを深める学習を通して、道徳的な判断力、心情、実践意欲と態度を育てる」と記述されている。実際の中学校現場における道徳の教育活動は、道徳科、各教科、総合的な学習、特別活動のそれぞれの時間に特質に応じて、自分も、まわりの人も、世の中全体も幸せになれるような、人間としてよりよい生き方を、生徒たちと教師が一緒に考え探求していく姿をイメージすればよいであろう。教師の特定の価値観の押し付けにならぬよう、自然と自分自身を振り返り、対話の中で新たな気づきと深い学びが生まれるような、魅力的な道徳教育が求められる。

(2) 目の前の子どもたちに対する教師の想い

子どもたちが、たとえ今、良い行動ができないとしても、皆よくなりたいと思って学校に来ているということを、教師は信じて関わる。狭義の生徒指導は、課題を解決し、生活態度・行動様式を改善することが主たる目的だが、道徳教育は、10年後、20年後の自律的な生き方、将来の人格の完成を目指して、心に道徳的な価値の種まき、水やりをして、長い目で育てていくことだと言えるであろう。教育活動全体を通じて子どもたちの道徳性を育てるが、特に、道徳科は自分が本当に思うことを語り合え、特別活動では集団を活かして道徳的行為を実践できるよう、あたたかく安心できる学級土壌を築くことが重要であると担任は意識したい。

第2項　モラルジレンマ教材を用いた討論の学習指導例

(1)「最期の酸素ボンベ」授業実践

① 教材　「最後の酸素ボンベ」
　　　（NHKビデオ「ようこそ先輩」をもとに　野本玲子改作）

> 　朋子さんの心が揺れた。このままこの患者に酸素ボンベを使い続けるべきか、それとももう切るべきか……。もちろん、医者としてできるだけのことをしてあげたい。しかし、この酸素ボンベは、今、この難民キャンプにある、最後の1本となってしまっていたのだ。
> 　患者は、さっき、救急でお母さんが連れてきた5歳の男の子だ。子どもは白目を向いていて、息はハーハーとかなり苦しそうだった。5分間、酸素を与えてみた。やはり、ほとんど状態はよくならない。可哀想だけれど、今までの経験から判断すると、この子はおそらく助からない……。
> 　1992年、ボスニアでは、一つの国の中で異民族が対立し、内戦が続いていた。貫戸朋子さんは、日本で8年間医者をした後、「国境なき医師団」のメンバーとして医療援助活動をしている。しかし、緊急医療キット等の物資は、けっして十分ではない。足りなくなったものが次にいつ送られてくるのかまったくわからない。
> 　酸素ボンベは大変貴重だ。生まれたばかりの赤ちゃんや手術中の患者の中には、少し吸わせてあげるだけで症状が良くなり、命が助かる人がたくさんいる。助かる可能性のあまりない命に対してこれ以上酸素を使ってしまうのは、もったいない。後の人たちに少しでも多く残してあげたほうが良いだろう。朋子さんは、この子の命を救うことをあきらめて酸素を切ることを決心した。しかし、コックをひねり、マスクに手をかけた瞬間、呼吸がさらに弱々しくなった男の子は、うつろだった目をゆっくり開いて、訴えるようなまなざしで朋子さんを見つめた。「先生、この子を助けて！！」と連れてきた母親が泣き叫んで

いた……。
【酸素を切るという朋子さんの決断にあなたは賛成ですか。反対ですか。それは、なぜですか。】

② 主題名 「いのちについて考える」
③ 主題設定の理由（ねらい）
　中学生は「いのちは大切だ」ということを知っている。過去から自分に続く命、そして誰もがいつかは死ぬということも考え、「生命の尊さについて、その連続性や有限性なども含めて理解し、かけがえのない生命を尊重すること」が理解できる。また、よりよい世の中をつくるためには、個人の幸福だけでなく、より多くの人の幸福がなければ成り立たないということも知っている。道徳性の発達段階としては、自己本位な志向の強い時期から、思いやり志向へと変容を果たす時期に当たる。一人ひとりの命を大切にすることと、集団全体の多数の幸福の間で医者の仕事を考え悩むことを通じて、命についてより深く考えさせたいと考え本主題を設定した。ねらいとする内容項目はD－19「生命の尊さ」だが、C－10「公徳心」C－11「公正・公平・社会正義」C－12「社会参画、公共の精神」C－13「勤労」の内容項目を通して命を考えること、あるいは命からこれらの内容項目を考えることで、より一層、多面的、多角的な深い学びとなる。

④ 資料について
　貫戸朋子（かんと　ともこ）さんは、1955年生まれ。産婦人科の臨床医として勤務の後、留学して心理学の勉強をし、日本で初めて国境なき医師団の登録医となる。内戦地の難民キャンプにおいて、医療援助活動をおこない、限られた医療物資の中で多数の命を守ることに取り組んだ。ほぼ助からない命を確信して判断した貫戸朋子さんのリアルな状況より、もう少し生徒個人の価値葛藤が起きる設定に改作し、さらに医師の使命を自覚する朋子さんの葛藤ではなく、その判断をどう考えるかという生徒自身の判断を問う形にして、モラルジレンマ資料とした。

⑤ 価値分析表
　コールバーグの道徳性の発達段階に照らして予想される生徒の反応を表

5-4-1に示した。

表5-4-1　価値分析表

★酸素ボンベを使い続けるべき	★酸素ボンベを切るべき
段階1　罰回避と従順志向、他律的な道徳	
・この子が死んだら、子どものお母さんから非難される。	・酸素ボンベの酸素を無駄に使ってなくなると、他のスタッフやその後の患者や家族から責められる。
段階2　個人主義・道具的な道徳性	
・自分がマスクをはずしたら、ずっとその子を殺してしまった負い目を自分が背負うことになる。目の前の子の命をとりあえず救おうとすることを優先する。	・酸素を残しておいたら、自分の大切な人の命を救えるかもしれない。後から来る役に立つ人を助けた方が、その人が誰かを助け、集団全体からも喜ばれる。
段階3　良い子志向、対人的規範の道徳性	
・最後まであきらめずに命を救おうとすることに価値を感じる。もしかしたら、次の酸素ボンベが思ったよりも早く送られてくるかもしれない。	・「酸素を無駄に使わない」という暗黙のルールを守ることを優先する。もう無理だったと説明すれば親もきっとわかってくれると考える。
段階4　社会システムと良心の道徳性	
・医者の仕事の本質は、その良心に基づいて、死にそうな人の命を全力で救うことであると考える。	・社会として、最大多数の最大幸福を考えるべきである。医者は、より多くの人の命を効率的に救うことで、社会に貢献する。

（2）展開（1.5時間扱い、もしくは2時間扱いの授業展開）

●第1次の授業（1.5時間扱いの場合は、第1次を授業でなく、朝自習等で各自資料を読み、ワークシートを用いて内容確認し、1回目の判断理由づけを行う。）

	学習活動と主な発問	指導上の留意点
導入	1．資料「最後の酸素ボンベ」を読む。	・資料を黙読させる。 （・2時間扱いなら教師が読む。）
展開	2．葛藤状況を理解する。 ○朋子さんは、苦しそうにハーハー苦しそうに息をしている男の子を5分間、どのような気持ちでながめていたのだろう。	ワークシートを用いて内容を確認させる。 ●切ったらどうなるのか ●使い続けたらどうなるのか。

	◎朋子さんが酸素ボンベを切ると判断したことに賛成か、反対か、その理由も考えよう。	
終末	3．最初の判断を下し、その理由づけを記述する。（H）	・1回目の「判断理由づけカード」への記入を行う。

●第2次の授業

	内　　　容	留意事項
導入前半5分	前時の学習活動を振りかえる。葛藤状況把握の再確認をし、道徳的価値葛藤をはっきりさせる。 ○朋子さんはどういうことで、心が揺れたのか。なぜか。	・資料をもう一度読ませる。 ・葛藤状況を確認する。 ・前時のワークシートを返却し、前時の自分の判断・理由づけを確認させる。
導入後半7分	クラスでの理由づけを分類整理した「書き込みカード」に自分の意見を書き込むことにより自分とは違う他者の考えに気づく。 ○賛成・反対意見をカードに書こう。	・「書き込みカード」に自分の意見を書き込むことでモラルディスカッションへの準備を行う。 ・発言が苦手な児童の意見表明の場とする。
展開前半13分	いろいろな理由づけに対して相互に意見を述べあい、論点を明らかにしていく。 ○賛成・反対意見を自由に言おう。	・書き込みカードの「理由」の部分を拡大して黒板に掲示する。 ・意見がちらばらないように、同じ部分についての意見を発表させる等、進め方を工夫する。
展開後半15分	論点を絞り、さらに意見を出し合う中で、自分の考えを確かなものにしていく。 ○もし、朋子さんが酸素ボンベを使い続けたらどういう結果になりますか。(K) ○もし、朋子さんが酸素ボンベを切ったら、どういう結果になりますか。（K） ○その時、朋子さんはどのような気持ちになるでしょうか。（Y） ○この場合、朋子さんは、子どもの命を最後まであきらめずに救おうとするのではなく、より多くの人の命を救う決断をしました。これは常に理想だと思いますか。それは医者という仕事の場	・役割取得を促す発問（Y）、 ・結果を類推する発問（K）、 ・認知的不均衡を促す発問（N） でディスカッションを方向づけ、生徒の思考を深める。 ・上記、左記の発問を全て用いるのではなく、ディスカッションの流れに応じて適宜用いる。

	合でしょうか。個人としてもそうでしょうか。(N) ○人の命を考える時に大切なことは何なのでしょうか。それはなぜでしょうか。	
終末5分	道徳的葛藤場面での主人公の決断を再度判断し、自分の最も納得する理由づけを行う。 ◎朋子さんの決断に賛成ですか、反対ですか、その理由も書きましょう。(H)	・2回目の「判断理由づけカード」への記入を行う。 判断 (H)

(3) 授業を行う上での留意点

　本教材におけるジレンマは、どちらも「いのちを大切にする」想いから来ている。判断を分けるのは、医療のプロとしての非常時の判断、あるいは目の前の患者の命を最後まで救いたいという本質的な素朴な感情であろう。意見を交流すると、内容項目の生命尊重のことを深く考える。さらに公平・公正のこと（たとえば、政治家とか世の中で大切な人がいたら同じようには扱えない、役にたつ人を優先的に助けたほうが、もっとたくさんの人を救える可能性がある、少しでも関係する人だったら切ることはできない……など）から、命は平等なのかどうか、あるいは仕事や社会的使命のこと、公共性など、さまざまな面から命を考える。二次の理由付けで多面的な思考を促す。

　「もしも自分だったら……」を直接考えると、ちがう要素がいろいろ出てきてしまうので適切に導く。「貫戸さんがどうすべきか……」ということ（当為）で考えると、中学生は一時判断では「ボンベを切るべき」が多くなる。小学生は医者なら死にそうな人を助けないといけないと考えるが、成長すると、限られた資源の効率や、「最大多数の最大幸福」[1]という考えが加わる。助かる見込みの低い命を見捨てずに救おうとすることと、よりたくさんの命を救おうとすることと、どちらが医者の真の使命だと考えるか、子どもたちの本気の話し合いから道徳性の発達が期待される。

　今回、教材化するにあたり、貫戸朋子さんに直接お話を伺った。「私は、今でもあれでよかったのか、酸素を切ってよかったのか、実は迷っています。トリアージ[2]は、プロとしての傲慢やプロとして人間として自分が知らない未

熟さにより、間違いを犯す。優先順位をつけるような資格はあるのだろうか!?」という言葉が心に残った。その誠実で深い苦悩に、モラルジレンマ授業のオープンエンドの意味を改めて感じるところである。

子どもたちの話し合いを整理するため、教師はより高い知識を持っておく必要がある。

第3項 中学校の道徳教育における課題と可能性

(1) 道徳教育に対する意欲や、学習能力、コミュニケーションに課題がある生徒への配慮

さまざまな課題を持つ子どもたちは、皆が道徳教育に対して意欲的で素直な態度であるわけではない。学習や発達に障がいのある生徒、道徳的思考に慣れていない生徒、コミュニケーションに難しさのある生徒も活動に参加できるよう、魅力的で効果的な指導法を考えなければならない。国語の読解力がなくても、道徳的価値をクラスの仲間の中で考え、表現できる喜びを味わわせたい。場面絵・登場人物の絵・写真・音声・音楽・映像・ICTの活用で、内容の理解を助けたり、効果を高めたりすることができる。

(2) 発達段階を考慮した展開と発達を促進させる評価

「自分はどうか？」を直接問われた時に、クラスメイトの前でなかなか本音を言えないこともある。いわゆる展開後段、すなわち、道徳的価値を自分のこととして考える自我関与をいかに反抗なく素直に振り返らせることができるかを吟味する。また、教え込みでなく、感じ、気づきのある主体的な学びを意識させ、プレとの比較で自分自身が成長をメタ認知できる自己評価の方法を研究し、さらに経年的に学びを自覚できるポートフォリオを作成することで、発達を促進させる可能性がある。

道徳教育には「〇〇してはいけない」というたくさんのタブーが言われてきているが、学習指導要領解説を熟読し、その授業のねらいの達成のために、目の前の子どもたちにとってより効果的であれば、伝えたい想いを信じて練りあげ、チャレンジしていく意欲が授業改善につながるであろう。

〈注〉
（1）「最大多数の最大幸福 the greatest happiness of the greatest numbers」。J. ベンサムによるイギリス功利主義の理念。幸福とは個人的快楽であり、社会は個人の総和であるから、最大多数の個人がもちうる最大の快楽こそ人間が目指すべき善であるとする。
（2）「トリアージ」。災害医療等で、多数の傷病者が発生した際の救命の順序を決めるため、標準化が図られて分類される。その判断基準は使用者・資格・対象と使用者の人数バランス・緊急度・対象場所の面積など、各要因によって異なってくる。医療体制・設備を考慮しつつ、傷病者の重症度と緊急度によって分別し、治療や搬送先の順位を決定する。助かる見込みのない患者あるいは軽傷の患者よりも、処置を施すことで命を救える患者を優先するというものである。

〈推薦図書〉
貫戸朋子『「国境なき医師団」が行く』（That's Japan 008）ウェイツ、2003年。
NHK「課外授業ようこそ先輩」制作グループ・KTC中央出版『国境なき医師団：貫戸朋子――別冊課外授業ようこそ先輩――』KTC中央出版、2000年。

第6章
道徳教育の教育方法

第1節　道徳教育における教材

第1項　道徳教材の歴史

　第3章においても示されているとおり、1872（明治5）年に「学制」が発布された当初、道徳を教える修身科は非常に低い位置づけであった。明治政府は富国強兵を国策としており、修身よりも立身出世や国益に適う実学を重んじる傾向にあったからである。当時修身科は下等小学1・2年のみに設けられ、そこで用いられた教科書は、福沢諭吉訳の『啓蒙教草』や中村正直訳『西国立志編』、阿部泰蔵訳『修身論』などの西欧の書籍を翻訳したものであった[1]。それらを「修身口授」、つまり教師による説諭や説話によって授業を展開していた。これらの教科書は、児童に配布されるものではなく、教師用修身の資料として位置付いていたのである。

　ところが、1880（明治13）年の「改正教育令」によって修身科は首位科目に位置づけられ、儒教主義に基づいた教育が展開されることとなった。これにもっとも影響を与えたのが1879（明治12）年に儒学者元田永孚によって発せられた「教学聖旨」である。「教学ノ要、仁義忠孝ヲ明カニシテ、智識才芸ヲ究メ、以テ人道ヲ尽スハ、我祖訓国典ノ大旨、上下一般ノ教トス」と記された教学聖旨は、明治政府の欧化主義政策を改め、儒教に基づいた仁義忠孝を明らかにした上で教育を展開することを提起した。これにより、従来修身科で用いられていた翻訳書などは、改正教育令下の修身科として相応しいものであるか調査が開

始され（1880年）、1882（明治15）年には「小学修身書編纂方大意」が文部省より交付された。ここにおいて、嘉言善行（すばらしい言葉とよい行い）の話は冗長になるので口授用を別に用意し、修身教科書は嘉言善行の要点を挙げ生徒に暗唱させることが記された(2)。

その後1890（明治23）年に「教育に関する勅語」（教育勅語）が渙発されたことは周知のことであるが、教育の根本規範を示したこの勅語は、これ以降修身科教育を支える基盤になる。1891年には修身科における教科書使用が通知され、文部省による「小学校修身教科用検定標準」が示された。これを受けて、1892年から1894年には約80種の教科書が文部省の検定を経て発売され、教育勅語あるいは「小学校教則大綱」（1890年）の徳目内容に沿った教科書が準備されたのである。

この時期に発売された修身教科書を、宮田丈夫は以下のようにまとめる。「修身教科書はいずれも、徳目基本主義および環状主義の教材配列になつているのである。つまり、最初に徳目が掲げられており、その徳目を説明するにふさわしい例話や寓話が載せられているが、このような徳目は各学年において繰り返して取り上げられる仕組みのものになっている」(3)。

1902（明治35）年末、大規模な教科書収賄事件が起こったことを契機に、文部省は教科書を国定へと変更した。1904（明治37）年には「小学修身書編纂趣意報告」が出され、修身教科書の編纂基準が示された（第一次国定修身書）(4)。この報告において、「人物基本主義と徳目基本主義を併用する立場」がとられた。つまり、児童の道徳的感情を喚起するために偉人などの話が用いられ、また徳目を順序立てて複数の学年で繰り返し教えていくといった環状主義の手法が併用されたのである。その後第五次まで国定修身書の改訂が行われた。

第二次世界大戦直後の1945（昭和20）年12月に、軍国主義的、国家主義的な教育内容で構成されていた「修身、日本歴史及ビ地理停止ニ関スル件」がGHQ（連合国軍最高司令官総司令部）により言い渡され、学制以来続いていた修身科はその教育活動を停止するに至った。その後、さまざまな局面を経て1958（昭和33）年に「道徳の時間」が設置されたが、そこでは修身科において採用されていた人物主義や徳目主義への批判を踏まえ、比較的多様な指導法が

推奨されていた[5]。たとえば、話し合い、教師の説話、読み物の利用、視聴覚教材の利用、劇化、実践活動である。つまり、修身科においては主たる教材内容であった偉人の話や寓話といった読み物は、多様な指導の一つと認識されたのである。

しかしながら、教師による多様な指導を推奨したこと、ならびに「教科書」がなかったことが、逆に教育現場には混乱をもたらした。たとえば、1963（昭和38）年の教育課程審議会「学校における道徳教育の充実方策について」（答申）では、道徳の時間は「一般的には必ずしもじゅうぶんにその成果をあげているとは言えない」とされ、その対策として、「教師用の資料を豊富に提供すること」、並びに「児童生徒に読み物資料の使用」などが求められた。これを受けて、文部省は1964年から1966年にかけて『道徳の指導資料』（全3集）を刊行し、あわせて『読み物資料の効果的利用』（1965年）を発行した。これ以降、道徳の授業で用いられる読み物資料が一般的な道徳の教材として認識されるようになったと言えよう。

読み物資料を文部省が準備したことは、確かに「道徳の時間に何をすればよいのか分からない」という教師にとっては大きな救いの手になったことは間違いない。ここにおいて、読み物資料を通じた話し合いが道徳授業の一般的な形になったと言える。しかし、一方において、読み物資料の登場は資料さえ読んでいれば大丈夫という道徳授業の画一化と形骸化を促進し、また教師による教材開発や多様な指導法への道を閉ざしてしまう可能性も秘めていた。いずれにせよ、これ以降は「副読本」の中に読み物資料が数多く準備されるようになり、教師はそれを用いて道徳授業を実践することが一般的となった。

文部科学省は、2002（平成14）年に道徳教育の補助教材である『心（こころ）のノート』を全国の小中学生に配布した。通常、道徳の教材（その多くは読み物資料）は「副読本」としての位置づけされるものが多いが、『心のノート』に関しては教育委員会や学校の採択権がなかったこと、また道徳の授業そのものを『心のノート』で実施するわけではなく、学校教育活動や家庭・地域での教育活動を補完する教材という位置づけにより、補助教材という言葉を用いている。

『心のノート』は小学校1・2年、3・4年、5・6年、中学生用の4種類が発刊され、当時の学習指導要領道徳の内容項目（1．主として自分自身に関すること、2．主として他の人とのかかわりに関すること、3．主として自然や崇高なものとのかかわりに関すること、4．主として集団や社会とのかかわりに関すること）と一致するように内容が構成されている。またそれぞれのページには、メッセージやキャッチコピー、写真、絵が多用され、随所に問いかけと書き込みをするスペース（ノート）が準備されている。文章を読んで考えるという従来の読み物教材とは性質の異なるものとなっている。

　元文部科学省教科調査官（中学校）の七條正典は、『心のノート』への期待として以下の3点を挙げた[6]。まず、道徳教育に関する生徒の主体的な学びを促進すること、第二に、道徳教育の活性化と指導の改善充実を促進すること、第三に、家庭や地域における道徳教育との連携強化を促進することである。『心のノート』は内容項目（道徳的価値項目）が全て掲載されていることは先に述べたが、この補助教材を児童生徒が手にすることは、自らが今後何について学んでいくのかという方向性を知ることや、道徳について主体的に学ぶ契機を与えることにつながり、「自学自習が可能になるノート」になるとされている。またこのノートを契機として、家庭や地域においても積極的に活用することが望まれた。

　しかし、一方では『心のノート』に対して強い批判もなされた。たとえば、臨床心理学者の小沢牧子は「自分の内面に目を向けさせるところから導入して、何ごとも自分の心がけ次第というように、問題を個人の内面に閉じ込めていきます。実は、問題というものはいつも周りとの関係や状況と不可分に起こるものですが、心理主義はこれを、個人の心の問題としてしまう」[7]と、その心理主義の手法を強く批判している。またドイツ文学者の三宅晶子は各ページにおけるメッセージ性を、記載されている文章や絵などから分析し、問題点を指摘している[8]。このような批判はあったものの、『心のノート』はその後道徳の授業においてもっとも扱われる中心的な教材となった[9]。

　2013（平成25）年の第2次安倍内閣の私的諮問機関教育再生実行会議において提出された第一次提言「いじめ問題等への対応について」を受けた「道徳教

育の充実に関する懇談会」は、道徳教育の教科化、ならびに『心のノート』の全面改定などを提起した。これを受けて、2014年度には『心のノート』が全面改訂され、『私（わたし）たちの道徳』が配布された。その大きな特徴は、より「道徳の時間」での活用を図れるものにする点、「読み物部分」の追加、偉人や先人の名言、いじめや情報モラルについての内容の追加である。2018年度（小学校）2019年度（中学校）の「特別の教科道徳」（道徳科）完全実施に向けて、今後道徳科の教科書が検定・採用されていくが、それらの教科書の大部分が『私たちの道徳』をモデルにしていることが予想される。

第2項　「資料を」教えるのか、「資料で」教えるのか

　前項において、1960年代以降読み物資料が道徳の授業で主として用いられるようになったことを示した。道徳の時間は、道徳的価値の内面化を目指して展開されるが、その際に用いられる資料は、その教育目標を達成するために用いられるという手段としての意味が強かった。つまり、道徳の時間の目標を達成するために「資料で」教えるという立場である。たとえば「道徳の時間」の特設に大きく関わった勝部真長（みたけ）は「生活から入って、内面化をくぐり、生活に再び戻る」という道徳授業の展開過程を示したが、そこで用いられる資料は「生徒の道徳経験をこまかに掘り起こし、その生活経験のなかに示されている衝動の抑制力、反省力、心情、自己客観視などの諸点をとりだして、みんなに目に見える形で検討する」[10] ために用いられるものであった。勝部は「資料にべったり即した授業、つまり『資料で』教えるのでなくて、『資料を』教えればよいとするような傾向が、大手を振って通ろうとする気配が感じられる」[11] と述べ、生活指導との関連の中で道徳の時間は意味を持つものであると主張していた。

　このような「資料で」道徳の授業を展開することに対して異議を唱えたのが、1960年代から1970年代の文部省の教科調査官（中学校）であった井上治郎である。彼は「資料で道徳的価値を教える」という道徳的価値ありき（価値主義）の授業を批判した。井上は「資料即生活論」を展開し、「資料を」教える立場を表明している。井上は以下のように述べる。「間接経験資料を子どもたちの

話題に供するということである。それも、＜特殊具体の状況において特殊具体のだれかれが生きたさまをさながらに描いたもの＞という条件にかなうものを選んで話題にさせるということである」[12]。つまり、生徒に提示される資料は、従来よく用いられていた偉人の話などではなく、生徒の生活経験と密接に結びついたリアリティのあるものであり、資料に出てくる主人公の生き方について生徒が「是非のコメント」（弁護や批判）による話し合いをすることで、道徳の授業を展開することを提案した。

時をほぼ同じくして、井上と同じく文部省の教科調査官（小学校）であった青木孝頼は、児童の具体的な生活経験から把握された道徳的価値から、価値の本質に気付かせていく「価値の一般化」を目指す道徳の授業を提案した[13]。永田繁雄によれば、青木の授業観は資料を活かすことによって道徳的価値を把握させることであり、それは「資料即価値論」と言えるものであると指摘している[14]。

以上のように、「資料で」なのか「資料を」なのかそれぞれの立場によって異なっているが、いずれの立場においても道徳の授業が道徳の時間に限られたものではなく、子どもたちが実際に生きる世界においてどのように道徳的価値を活かしていくかということを視野に入れていた点では、大きく異なるわけではない。道徳の授業における資料の位置づけ、またそれをどう扱うのかという焦点の当て方によって、立場が異なってくると言えよう。

第3項　教材開発という視点

『中学校学習指導要領解説』（2015年）には、道徳で使用する教材について、以下のように記載されている。「道徳科においても、主たる教材として教科用図書を使用しなければならないことは言うまでもないが、道徳教育の特性に鑑みれば、各地域に根ざした郷土資料など、多様な教材を併せて活用することが重要である」。

教科書の使用義務は当然あるものの、ここでは多様な教材の併用を認めている。というのも、教科書そのものは日本の児童生徒の「平均的な姿」を念頭においた汎用性の高いものを重視しており、地域やクラスの実態に照らし合わせ

た場合、必ずしもベストの教材と言い切れないことがあるからである。あるいは、教科書に記載されている情報とは異なった視点の情報が必要な場合もあるかもしれない。そこで必要となってくるのが、教材開発の視点である。同解説には、「教材の開発に当たっては、日常から多様なメディアや書籍、身近な出来事等に関心をもつとともに、柔軟な発想をもち、教材を広く求める姿勢が大切である」と記されており、さまざまな視点から教材開発を行っていくことを推奨している。

　一般的に教材とは、「教育目標を達成するために選ばれ、組織された素材・材料」と定義される。つまり、児童生徒の道徳性の育成に寄与するための素材を私たちは日常のさまざまな場面から発見し、それを教材として再整備すること（どういった手順で見せるのか、どのような発問が相応しいかなど）が、教材開発の意味するところである。目の前の児童生徒の実態に合う「オーダーメイド」した教材を準備すること、これこそが教材開発に他ならない。

　では、具体的にはどのような素材が教材へ姿を変えるのであろうか。先の解説では多様なメディアや書籍などが挙げられていたが、たとえば、CM、歌の歌詞、絵本やポスター、写真、時事問題やニュース、アニメやドラマ、映画の一場面などが挙げられよう。これらの素材が教材となり授業で用いられるためには、①ねらいとする道徳的価値項目に基づいて、その素材のどこに焦点を当てるのか（どのような教育的意味があるのか、何を考えさせるのか）、②考え議論するための中心発問はどのようになるのか、③中心発問へ至るまでの基本的な発問には何があるか、④素材の提示の仕方（興味関心を引き出す順序や見せ方）、⑤マイノリティへの配慮、⑥ワークシートの体裁、等について明確にしておく必要がある。

　力を持った教材は、それだけで児童生徒を学びの世界へと誘う。ただし、道徳的価値に対する興味や関心を喚起するだけが教材の役割ではない。あくまで教材を通じて児童生徒の道徳性の発達に寄与することが道徳授業の目的であることを、改めて強調しておかねばならない。

第2節　道徳教育の方法

　では、実際に道徳の授業を展開するにあたり、どのような指導法が選択されるのであろうか。2016（平成28）年の「道徳教育に係る評価等の在り方に関する専門家会議」（以下専門家会議）は、「『特別の教科　道徳』の指導方法・評価等について（報告）」において、「読み物教材の登場人物への自我関与が中心の学習」、「問題解決的な学習」、「道徳的行為に関する体験的な学習」の三つを「質の高い多様な指導方法」として例示している。読み物資料を中心とした従来からの指導法だけではなく、同じく読み物資料を用いても展開方法や焦点の当て方が異なるもの（モラルジレンマ授業やVLFプログラムなど：詳細は第2・3項）、最近改めて脚光を浴びてきた問題解決的な学習、あるいは体験的な活動に焦点を当てたもの（モラルスキルトレーニングや構成的グループエンカウンターなど）、新聞やマンガといった独自教材を用いた授業、海外において実践されているもの（たとえばT. リコーナーによる人格教育）など多数存在する[15]。

　そこで本節では、専門家会議で取り上げられた読み物資料を用いた自我関与が中心の学習、モラルジレンマ授業、そしてVLFプログラムに焦点を当て、その方法の概略を見ていきたい。なお問題解決的な学習と道徳的行為に関する体験的な学習については、次節で扱う。

第1項　読み物教材の登場人物への自我関与が中心の学習

　いわゆる読み物資料を用いた道徳の授業は、端的にまとめるならば、読み物資料を用いて道徳的価値の理解を深め、道徳的な判断力、心情、実践意欲と態度を育てることをねらいとしている。専門家会議では「教材の登場人物の判断や心情を自分との関わりにおいて多面的・多角的に考えることを通し、道徳的諸価値の理解を深めることについて効果的な指導方法」とその特徴を示しているが、具体的にはどのような展開過程を経るのであろうか。実はこの展開過程は、従来からの方法と大きく異なるわけではない。そこで専門家会議で提示さ

れた指導過程を文部科学省教科調査官（小学校）の赤堀博行が提示する指導過程で補足しながら、その手順を提示していく(16)。

① 導入：道徳的価値に関する内容の提示

　導入部においては、その時間において扱う道徳的価値に児童生徒を向かわせていくことが大切になってくる。児童生徒の生活経験や教師の説話によって、その時間に扱う道徳的価値に児童生徒の意識を焦点化する必要がある。

② 展開：登場人物への自我関与

　展開部では、読み物教材の登場人物の判断や心情を捉える活動を通じて、道徳的価値についての理解を深め、自分との関わりの中で道徳的価値を捉えることがねらわれる。とりわけここにおいて留意すべき点は、登場人物の心情理解のみに留まった指導を行わないということである。道徳的価値を自分との関わりにおいて捉えるということ、より平易に言えば、道徳的な問題を「自分事」として捉えることが、自我関与なのである。また他者が道徳的価値についてどのように捉えているのか意見を交流するなどして、多面的・多角的な捉え方ができるようにし、自分の理解をより深めることも重要である。

③ 終末：まとめ

　終末段階は、児童生徒が学んだ道徳的価値をこれからの生活にどのように生かしていくのかを考える時間であり、学んだことを振り返る時間である。決して望ましい価値を押しつけたり、あるいは望ましい行為をするように児童生徒に決意表明を迫ったりする時間ではない。

第2項　コールバーグ理論とモラルジレンマ授業

　第5章において、既にモラルジレンマ授業の取り組みが紹介されているが、ここではその理論的背景、ならびに一般的な授業過程について概述する。

　道徳性発達理論を提唱したアメリカの道徳性心理学者コールバーグは、道徳性をその内容ではなく、思考の形式によって規定した。つまり、ある道徳的価値に対する考え方や捉え方が発達段階に応じて異なること、ならびに発達段階

が上昇すればするほど、道徳的判断の基準となる規範性や普遍化可能性、論理的一貫性が増加することを示し、3水準6段階の道徳性発達段階を考案した(17)。

　この道徳性発達段階の基盤にあるのが、「認知発達」(cognitive development)と「相互作用」(interaction)という考え方である。世界をどのように認識するのかという認知能力は構造的な形式を持っており、この構造が段階を追って発達していく。またその発達（認知構造の変化）は、反復練習や強化ではなく、自己と環境との相互作用によってもたらされるのである。従来の物事の捉え方や考え方に、新たな考え方や問題が持ち込まれたことによって不均衡が生じると、私たちは何とかして再び均衡が取れた状況に持っていこうとする。このように相互作用によってもたらされた不均衡を、再びより安定した均衡状態へともたらしていくことが発達なのである。

　コールバーグは、道徳性を「正義」(justice)、すなわち公正・公平に関する判断、ならびに「役割取得」(role-taking)に求めている。役割取得とは、他者がどのように感じているのか、物事をどのように捉えているのかと、他者の役割を認識することである。より多くの人の立場に立って物事を考えられる役割取得の拡大と、より深く他者の立場に立って考えることができるという役割取得の深化によって、正義に関する判断はより普遍性を増していくとした。

　以上のことから道徳性発達理論をまとめると、次のようになる。すなわち、自己の権利や要求と、役割取得によって認識した他者の権利や要求とのバランスを正義（公平さ公正さ）の観点から眺め、判断を下していくことである。そして、役割取得をする対象世界がより広範囲になり、そこにおいて正義の判断ができるようになることが、道徳判断の一貫性や普遍性、規範性の上昇と結びつく、つまり道徳性が発達するということなのである（図6-2-1参照）。

　となれば、道徳教育の役割は、道徳の内容を子どもたちに伝達するのではなく、道徳性の発達を促すような経験を児童生徒に与えることになる。コールバーグは道徳性の発達を促進していく方法として、オープンエンドの仮説ジレンマ資料（結論が書かれていない読み物資料）を用いたモラルディスカッションを提起した。仮説ジレンマ資料の多くは二つの道徳的価値が含まれた物語であり、児童生徒は「主人公はどうすべきか」についてディスカッションする中で、他

第6章　道徳教育の教育方法

	段階	特徴	図式化すると
前慣習的水準	第一段階：罰の回避と服従志向	正しさの基準は外部（親や権力を持っている人）にあって、罰せられるか褒められるかが正しさを決定する。	親など → 私
前慣習的水準	第二段階：ギブアンドテイク道具的互恵主義志向	正しいこととは、自分の要求と他人の要求のバランスがとれていることであり、「～してくれるなら、～してあげる」といった互恵関係が成立すること。	私 ⇄ 親など
慣習的水準	第三段階：よい子志向	グループの中で自分がどう見られているのか、どういう行動が期待されるのかが正しさの基準になる。つまりグループの中で期待される行動をとることが正しいことである。	私・他人・他人
慣習的水準	第四段階：法と社会秩序志向	個人的な人間関係を離れ、社会生活の中で、あるいは法が治める中で、どのように生きていくか考えることができる。正しさの基準は、社会システムの規範に合致することである。	法や社会システム（私・他人・他人）
脱慣習的水準	第五段階：社会的契約と法律的志向	社会システムの中で生きながら、かつ社会システムの矛盾を見出し、それを包括するような視点を提起できる。	私・法や社会システム（他人・他人）
脱慣習的水準	第六段階：普遍的な道徳	正義（公平さ）という普遍的な原理に従うことが正しいことであり、人間としての権利と尊厳が平等に尊重されることが道徳原理となる。	私・法や社会システム（他人・他人）

図6-2-1　道徳性の発達段階（出典：荒木寿友、2017）

者の新しい考え方に触れ、道徳に対する考え方を発達させようと試みた。

　このコールバーグ理論に基づき、1980年代後半から兵庫教育大学の荒木が中心となった道徳性発達研究会（現在は日本道徳性発達実践学会）が、モラルジレンマ資料に基づいた授業モデルを多数開発した[18]。モラルジレンマ資料とは、オープンエンドの形で描かれた道徳的価値葛藤（モラルジレンマ）が含まれる物語である。

　具体的な授業の展開そのものについては第５章で紹介されているので、本節ではごく簡単にその流れを見ていきたい。

　モラルジレンマ授業の多くは、１主題２時間構成で成立している。主として１時間目はジレンマ資料を読み込むことに当てられており、物語の主人公がどういう状況なのか、道徳的価値葛藤はどこにあるのかについて共通理解を図り、授業の終わりに「第一次判断・理由づけカード」に記入する。教師はこのカードの記載内容を詳細に読むことで、誰と誰が対立しているあるいは似ているのか、それぞれの子どもの発達段階はどの程度か等を把握し、２時間目の授業計画を考える。

　２時間目は、ジレンマ資料を読み直し、児童生徒は「第一次判断・理由づけカード」に記入した意見に基づきながら、クラス全体でディスカッションに入っていく。他者の異なった考えや、より高い判断理由づけに触れることによって、児童生徒は自身の判断の矛盾や不整合さに気付いていく。道徳的価値について深く考えを巡らせることで道徳性の発達を目指すのが、まさにモラルディスカッションなのである。最終的にどのように考えたのか「第二次判断・理由づけカード」に記入して授業は終わる。

　モラルディスカッションは、児童生徒が主体的に授業に取り組んでいるが、そこには教師の働きかけが必要である。道徳性発達研究会は、下記のような認知的不均衡をもたらす発問を取り入れることを提唱している[19]。

① 　より高い段階の考えを引き出す発問
② 　役割取得を促す発問
③ 　行為の結果が他者にどのような影響を及ぼすかを推理する発問

今後日本では「考え、議論する道徳」が求められてくるが、まさに道徳的価値について他者の多様な考え方を参考にしながらディスカッションを行うモラルジレンマの手法は、大きな役割を担ってくると考えられる。

第3項　VLF（Voice of Love and Freedom）

アメリカの道徳性心理学者セルマン（R.L.Selman）によって、1990年代後半から実施されたのが「愛と自由の声プログラム」（Voice of Love and Freedom: VLF）である。「思いやりの心を開発し、思いやりの行動を育成するとともに、問題行動を予防し、読む、書く、話す、聴く力を育てるために開発」[20]されたこのプログラムは、セルマンの主張する「役割取得能力」（role-taking ability）（より正確に言えば、「対人的理解の発達」と「対人的交渉方略の発達」を含む社会的視点取得能力）を育むことを中心とした人格形成のためのプログラムである。役割取得能力とは、他者の考えや気持ちを理解する能力であり、セルマンによれば役割取得は五つの段階（レベル0からレベル4）を経て発達するとされている[21]。

渡辺はアメリカでの実践に基づいて、日本でVLFを実施する際の目標を下記のように示している[22]。すなわち、①自己の視点を表現すること、②他者の視点に立って考えること、③自己と他者の違いを認識すること、④自己の感情をコントロールすること、⑤自己と他者の葛藤を解決すること、⑥適切な問題解決行動を遂行すること、である。

先の役割取得能力との関連で見てみると、①～③は主として対人理解の発達を促すものであり、④～⑥は主として対人的交渉方略の発達に関わるものである。つまりVLFプログラムは、自分自身を理解すること、他者を理解することに加え、両者に意見の相違や葛藤が見られた場合は、その解決に向けて実際に働きかけていくという問題解決が含まれているところに大きな特徴があると言える。

一般的にVLFプログラムは4時間を1セッションとして構成されており、四つのステップとホームワークから成立している[23]。ステップ1は「結びつき」と呼ばれるもので、教師と児童生徒との間に信頼関係を構築することをねらっ

て、教師が授業に関わる個人的な体験談（特に対人関係において葛藤があった体験など）を話す。教師の個人的な経験を明らかにすることは、児童生徒にとって二つの意味を持っていると考えられる。一つは、「教師」と呼ばれる人間であったとしても対人関係で悩んだり葛藤したりすることがあるということを吐露することで、児童生徒が自己を吐露しても大丈夫であるという安心感を創り出すという点である。第二に、教師の語り方そのものが児童生徒にとっての語り方のモデルになるという点である。

　第二のステップは、「話し合い」である。対人葛藤を含む物語を読み、葛藤場面において登場人物がどのような考え方をしていたのか、気持ちであったのかについて、二名一組でインタビューをおこなったり、ロールプレイを通じて理解を深めるなどしていく。

　ステップ３は「実践」と呼ばれ、実際の葛藤場面においてどのようにすればその葛藤が解決に向かうのか、具体的な解決方法を考える。また葛藤そのものがどういう背景の中で生じ、対人間の葛藤が深くなってしまったのかについての理解や、逆にどうすれば対人間の葛藤が深くならない段階で解決することができるのか理解することがねらわれている。

　最後のステップは「表現」である。日記や手紙、物語の創作を通じて、自己の視点や他者の視点、第三者の視点を表現していく。場合によっては、ホームワークを課して、日常生活での実践を促していく。

　このように、VLFプログラムは対人葛藤を含む物語を教材として、ペアインタビューやロールプレイなどを通じて、児童生徒に対人的理解と対人的交渉方略の発達を促していくものである。そして、道徳教育における重要な特徴としてあげられるのは、このプログラムが役割取得能力の発達段階に基づいて展開されるということであり、それはすなわち、教師は発達段階に応じた評価（アセスメント）に基づいて適切な関わりを実践する（指導する）ことが可能であるということである。いわゆる「指導と評価の一体化」が可能なのである。これについては、コールバーグ理論に基づいたモラルジレンマ授業にも同様に当てはまることである。

　日本の道徳教育（特に内容項目）と照らし合わせると、特に対人関係の葛藤

解決に特化した VLF プログラムがその全てを網羅することは難しいと言わざるを得ないが、逆に特化しているからこそ年間指導計画の一部として取り入れることには積極的な意義が見いだされるだろう。

第3節　新しい道徳の実践

第1項「考え、議論する道徳」への移行

　既に第4章でも詳しく論じられているが、2015（平成27）年に一部改正された学習指導要領において、道徳教育は思考力を重視した「考え、議論する道徳」へと「抜本的改善」、「質的転換」がねらわれることとなった。それは、一つには、従来の道徳の授業が登場人物の心情理解に偏ったものとなりがちであったことに対する反省と、一方では、2017（平成29）年学習指導要領改訂において鍵概念となる「コンピテンシー」（資質・能力）が思考力の育成を図るものであるという、両者の影響を受けてのものである。

　先にも示したが、専門家会議は「質の高い多様な指導方法」として三つの指導法を例示している。ただ、これら三つのみが質の高い指導方法を示しているのではなく、あくまで多様な指導方法の中で三つを例示したにすぎないということは注意しなければならない。専門家会議が示しているように、大切なことは「学校の実態や児童生徒の実態を踏まえて、授業の主題やねらいに応じた適切な工夫改良を加えながら適切な指導方法を選択すること」であり、そういう意味では、先に示したモラルジレンマ授業や、VLF の授業も多様な指導方法の一つとして捉えられなければならないだろう。

　さらにもう一つ重要な点を付け加えるならば、問題解決的な学習も道徳的行為に関する体験的な学習も、道徳科の目標「道徳的諸価値についての理解を基に、自己を見つめ、物事を（広い視野から）多面的・多角的に考え、自己（人間として）の生き方についての考えを深める学習を通して、道徳的な判断力、心情、実践意欲と態度を育てる」（括弧内は中学校）に鑑みれば、自分の生き方に結びつけ、自分事として考えるという「自我関与」が大前提として求めら

れるということである。生徒自らが道徳的価値を自らのものとして引き取り考えていくための一つの教育方法として、問題解決的な学習や体験的な学習が取り上げられたにすぎない。

本節では問題解決的な学習と、道徳的行為に関する体験的な学習に焦点を当て、それぞれの実践を提示してみたい。

第２項　問題解決的な学習

道徳授業における「問題解決的な学習」は、歴史的に見れば昨今に出てきた新しい教育方法ではない。戦後新教育の流れにおいて、とりわけ生活単元学習では「問題解決学習」が盛んに実践されており、子どもの興味や関心に基づいて生活上の問題を主体的に解決していく中で、子どもたちの問題発見の力や問題解決力、探究力、思考力の育成などがねらわれた。

では、問題解決学習と道徳科における問題解決的な学習は何が異なるのであろうか。それは下記の専門家会議の報告が端的に示しているであろう。

「児童生徒一人一人が生きる上で出会う様々な道徳的諸価値に関わる問題や課題を主体的に解決するために必要な資質・能力を養うことができる。問題場面について児童生徒自身の考えの根拠を問う発問や、問題場面を実際の自分に当てはめて考えてみることを促す発問、問題場面における道徳的価値の意味を考えさせる発問などによって、道徳的価値を実現するための資質・能力を養うことができる」（傍点筆者）。

すなわち、生活単元学習における問題解決学習が、子どもたちの生活全般における問題を扱ったのに対し、道徳科における問題解決的な学習は、あくまで道徳的な問題や課題に焦点を当てた解決をおこなっていく学びなのである。もちろん、問題解決学習においても、問題そのものを子どもたちが発見するのか、それとも教師が提示するのかという点については区別されており[24]、その意味では道徳科の問題解決的な学習は、教師が問題を提示するものに類別されるであろう。

実は、道徳の授業においては問題解決的な学習はこれまで忌避されてきた経緯がある[25]。というのも、問題解決を安易に用いることによって、道徳的価

値を学ぶ（道徳的価値についての理解を深める）という点が軽視され、児童生徒が単なる「処世術」（世渡り）を学ぶという危険性があったからである。たとえば、有名な教材「手品師」で考えてみよう。物語の最終場面で手品師は友人の誘いを断り、約束をした子どもの前で手品を披露しているが、これを安易に「手品師はどうすべきでしょう」と問題解決的に扱ってしまうと、「子どもを連れて大きな会場で手品をおこなうべきである」という解決案が提案される可能性が高い。この教材は「約束」「誠実」「自己実現」「友情」などさまざまな道徳的価値が内包された物語であり、それらの価値に十分に焦点を当てないまま、単に「手品師はどうすべきでしょう」と児童生徒に問いかけてしまえば、価値理解は深まらない。

柳沼良太は上記のような「処世術を学ぶ」危険性に配慮しながら、道徳科における問題解決的な学習の展開方法を以下のように提示する[26]。

① 導入：具体的な経験や事例からねらいにせまり、道徳的価値について考える。
② 展開前段：道徳的問題を把握し解決する。
③ 展開後段：問題解決を応用する
④ 終末：授業の内容をまとめる

柳沼は導入部において、その時間に扱う道徳的価値について児童生徒がどのように捉えているか把握することから始めている。その後資料を読む中で、解決すべき道徳的問題は何か、どういう点が問題になっているのか明らかにし、主人公ならどうするか、自分ならどうするか、人間ならどうするかというかうポイントから問題解決を図っていく。最も特徴的なのが、他の場面への応用を考える点であろう。展開前段での解決策は、あくまである条件の下での問題解決であり、他の条件下でも応用可能なのか、他にはどういう解決方法があるのか捉えさせようとしている。①における道徳的価値への焦点化、ならびに③における問題解決の応用を踏まえることによって、児童生徒が「処世術」を学ぶことからの脱却を図っているといえる。

ただ、このような特徴を持つ問題解決的な学習は、読み物資料を中心に授業が展開されるため、解決策に対して児童生徒が責任を持つ必要がないという非当事者性を否定できない。つまり、道徳的な物語における解決策を考えるために、どうしても児童生徒の当事者性（あるいは自我関与）は低くなってしまう可能性がある。それは同時に、児童生徒が考えついた解決策が、現実的には全く受け入れられない（機能しない）解決策になることにも結びつく。そうならないためにも、今後、問題解決的な学習に適した資料、とりわけ児童生徒の現実に即した真正の（authentic）道徳的問題が含まれる資料の開発が求められるであろう。

第3項　道徳的行為に関する体験的な学習

　道徳的行為に関する体験的な学習には、たとえば役割演技（role-playing）、ソーシャルスキルトレーニングにその基盤を持つモラルスキルトレーニング（MoST）、エクササイズを中心とする構成的グループエンカウンターの授業[27]、参加体験型学習といわれるワークショップなどが考えられる[28]。ここで留意しなければならないのは、体験的な学習は、あくまで道徳的価値を実感を伴って理解するための一つの方法であり、体験することそのものが目的ではないということである。たとえば、専門家会議では下記のように記している。

　「役割演技などの体験的な学習を通して、実際の問題場面を実感を伴って理解することを通して、様々な問題や課題を主体的に解決するために必要な資質・能力を養うことができる。問題場面を実際に体験してみること、また、それに対して自分ならどういう行動をとるかという問題解決のための役割演技を通して、道徳的価値を実現するための資質・能力を養うことができる」（傍点筆者）。

　役割演技は、道徳の授業ではこれまでも最も多く取り入れられてきた手法であろう。たとえば、読み物資料などのストーリーをそのまま脚本化して児童生徒が再現する方法、あるいは、物語のある一場面だけを取り出して、その登場人物の役割を演じてみる方法、さらには、場面設定だけをおこない、即興で児童生徒に演じさせるものがある[29]。役割演技が主としてねらっているのは、

行為を通じて登場人物の心情をより具体的に実感を伴って理解することであり、役割演技そのものが、道徳的行為へと必ずしも直結するわけではない。

　役割演技が実際の行為を通じて、心情や価値理解に働きかけるものであるのに対して、林泰成が提唱するモラルスキルトレーニングは実際の道徳的行為ができるようになることに焦点を当てた授業を展開するという特徴がある。モラルスキルトレーニングは、道徳的価値に基づいた行動をスキルとして、たとえばある場面で相手を気遣った言葉かけの仕方や、友だちを傷つけてしまった時の謝り方などを子どもたちに身に付けさせていくこと、ならびにそのような道徳的行為の意味を児童生徒に気付かせることをねらっている。林も指摘しているように、モラルスキルトレーニングが道徳的行為に焦点を当てているからといって、行為の練習のみに特化した授業を展開したならば、それは「道徳教育」とは言えない[30]。道徳的行為の獲得と共に、内面的資質としての道徳性の育成にも関わるのである。

　一般的に、モラルスキルトレーニングは下記の手順に従って実践される[31]。

① 　資料の提示：道徳資料を提示する。
② 　ペアインタビュー：資料の登場人物になってペアでインタビューし合う。
③ 　ロールプレイング：ある場面を実際に演じてみる。
④ 　メンタルリハーサル：別な場面をイメージさせ、その場で自分の行動を考えさせる。
⑤ 　シェアリング：ロールプレイングの感想を言い合って、よい行動方式を強化し、悪い部分を修正する。
⑥ 　まとめ：教師が学習のまとめを行う。

　モラルスキルトレーニングにおいても役割演技が用いられているが、それはどちらかと言えば道徳的行為を身に付けるため、モラルスキル獲得の手順として位置づけられている。いずれにせよ、これまでの道徳の授業が道徳的行為の変容に大きな関心を持ちながらも、それに直接働きかける術を持たなかったのに対して、モラルスキルトレーニングは道徳的行為に焦点を絞ったアプローチ

であると言える。

第4項　対話への道徳教育に向けて

本節のまとめとして、最後に対話を重視した道徳教育を取り上げたい。予め断っておくならば、これは一つの道徳の授業形態（教育方法）を表すものではなく、学校教育全体において貫きたい教育そのもののあり方を示すものある[32]。

対話とは、語源的には"dia"（between, through：〜の間で、〜を通じた）"logos"（word：言語、論理、意味）から成立している。対話は単に自身の想いをくみ交わすという表面的なコミュニケーションだけではなく、言葉や論理をくみ交わすことによって、両者の考えをより合理的で一貫した状態へと導いていく。対話は、批判的に物事を捉え、真理を探究していくという活動であり、それによって私たちは、互いのよりよい生き方やあり方を共有し、自身の存在を認め（自己肯定感）、お互いが存在することを認めていく（存在の相互承認）。

このように捉えられる対話は、他者とのコミュニケーション、あるいは「話し合い」や「議論」と同意ではない。対話は自分自身のあり方や考え方、前提といったものを批判的に扱い、対話をする当事者の中において「最適解」や「最善解」を探究していくという意味を持つ。その結果として、互いに存在を承認された「私たち」がこれからどう生きていくのかという共同体感覚を萌芽させていく。すなわち、対話という試みは、社会的存在としての私たちがいかに生きていくのかを体現する、極めて道徳的な試みなのである。

民族や宗教の紛争、自国中心的な国家政策だけではなく、身近なところでは

図6-3-1　対話について　（出典：荒木寿友「道徳教育における対話理論」、2016）

第6章　道徳教育の教育方法

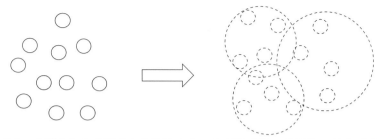

図6-3-2　分断された共同体から緩やかなつながりを持つ共同体へ（出典：筆者作成）

他者への不寛容（たとえば保育園建設に反対）など、国内外のさまざまな問題の背後には、至極限定された「私たち」に支えられた共同体感覚がある。そして小さく限定された共同体が互いに壁をつくり、他を排斥することをこれ以上続けるならば、世界はより分断された社会へとなっていくだろう。

対話への道徳教育とは、分断された共同体からお互いの調和点を探る教育の一つのあり方であり、さらに言えば、先の社会問題をいかにすれば平和に解決できるかという視点に立っている。その解決の糸口が、特に対話を基盤とした学校教育全体として取り組む道徳教育にあるのではないだろうか。

〈注〉
（1）道徳教育において用いられた資料については宮田丈夫編著『道徳教育資料集成』（全3巻）第一法規出版、1959年に詳しい。修身科成立については、勝部真長・渋川久子『道徳教育の歴史──修身科から「道徳」へ──』玉川大学出版部、1984年、あるいは江島顕一『日本道徳教育の歴史』ミネルヴァ書房、2016年に詳しい。
（2）文部省『小学修身書編纂方大意』（『道徳教育資料集成第1巻』収蔵）11-14頁。
（3）宮田編著、第1巻、32頁。
（4）文部省『小学修身書編纂趣意報告』1904年（『道徳教育資料集成第2巻』収蔵）67-92頁。
（5）修身科への批判には、たとえば1951年の「小学校学習指導要領社会科編（試案）」や上田薫『道徳教育の理論』明治図書、1960年や、村井実『道徳教育の論理』東洋館出版、1981年が挙げられる。「道徳の時間」の指導法については文部省『小学校道徳指導書』

1958年を参照。
（6）七條正典「心のガイドブックとしての『心のノート』」『道徳教育』2002年9月号、14-17頁。
（7）小沢牧子、長谷川孝編著『「心のノート」を読み解く』かもがわ出版、2003年、5-6頁。
（8）三宅晶子『「心のノート」を考える』岩波ブックレット、2003年。
（9）「いじめの問題等への対応について」（第一次提言）2013年、参考資料において、『心のノート』が小学校で90.6％、中学校で84.9％ともっとも使用されていることが示されている。
（10）勝部真長『道徳指導の基礎理論』日本教図、1967年、182頁。
（11）勝部、同上書、491頁。
（12）井上治郎『道徳授業から道徳学習へ』明治図書、1991年、42頁。
（13）青木孝頼『道徳・特別活動の特質と指導』明治図書、1985年。
（14）永田繁雄「資料中心の道徳教育」行安茂・廣川正昭編著『戦後道徳教育を築いた人々と21世紀の課題』教育出版、2012年、258頁。
（15）たとえば、諸富祥彦編著『道徳授業の新しいアプローチ10』明治図書、2005年には多くのアプローチが紹介されている。
（16）赤堀博行『道徳教育で大切なこと』東洋館出版、2010年、125-135頁。
（17）コールバーグ理論については、L.コールバーグ著（岩佐信道訳）『道徳性の発達と道徳教育――コールバーグ理論の展開と実践――』広池学園出版部、1987年、または佐野安仁・吉田謙二編著『コールバーグ理論の基底』世界思想社、1993年に詳しい。
（18）モラルジレンマについては、荒木紀幸編著『新モラルジレンマ教材と授業展開』（小学校編中学校編）明治図書、2017年、荒木紀幸編著『モラルジレンマで道徳の授業を変える』明治図書、2007年、荒木紀幸編著『続・道徳教育はこうすればおもしろい――コールバーグ理論の発展とモラルジレンマ授業――』北大路書房、1997年、など多数存在する。
（19）荒木編著『続・道徳教育はこうすればおもしろい』、164頁。
（20）渡辺弥生編集『VLFによる思いやり育成プログラム』図書文化、2001年、10頁。
（21）R.L.セルマン・L.H.シュルツ著（大西文行監訳）『ペア・セラピィ――どうしたらよい友だち関係がつくれるか――』北大路書房、1996年や、日本道徳性心理学研究会編著『道徳性心理学――道徳教育のための心理学――』北大路書房、1992年参照。
（22）渡辺編集、前掲書、37頁。
（23）渡辺編集、同上書、38-45頁。
（24）清水毅四郎「いま、なぜ問題解決学習なのか」『戦後教育方法研究を問い直す――日

本教育方法学会30年の成果と課題——』明治図書、1995年。
(25) たとえば「特集：道徳授業のセオリーを検証する」『道徳教育』2015年11月号では、「方法的な解決の話し合いはするべからず」という「鉄則」が取り上げられている。
(26) 柳沼良太『問題解決的な学習で創る道徳授業超入門』明治図書、2016年。
(27) たとえば、諸富祥彦『「問題解決学習」と心理学的「体験学習」による新しい道徳授業』図書文化社、2015年に実践例が示されている。
(28) 荒木寿友「ワークショップの構造からみた新しい類型化の試み——連続した取り組みとしてワークショップを展開するために——」『立命館教職教育研究特別号』立命館大学教職教育推進機構、2016年。
(29) 林泰成「道徳的行為に関する体験的な学習——行動へとつなぐ——」『道徳教育』2016年11月号、明治図書。
(30) 林泰成『モラルスキルトレーニングスタートブック』明治図書、2013年、19頁。
(31) 林、同上書、27頁。
(32) より詳しくは、荒木寿友「道徳教育における対話理論」金光靖樹・佐藤光友編著『やさしく学ぶ道徳教育』ミネルヴァ書房、2016年、ならびに荒木寿友「シティズンシップの育成における対話と自己肯定感——『特別の教科　道徳』と国際理解教育の相違を手がかりに——」『国際理解教育』22号、日本国際理解教育学会編、2016年を参照されたい。

〈推薦図書〉
荒木寿友『ゼロから学べる道徳科授業づくり』明治図書、2017年。
間瀬正次『戦後日本道徳教育実践史』明治図書、1982年。

第4節　道徳科における教育評価

　「道徳の教科化」が公的に表明されるやいなや、教育現場からは、すぐに「道徳をどのように評価するのか」という不安と懸念の声が上がった。それらの声には、「はたして道徳を評価できるのか」「評価しなくてはならないとすると、どのようにするのか」という内容が含まれていた。そこには、道徳評価の困難さが、子どもたちの内面の心のあり方（「内心の自由」）に関わり、しかも長期波動（発達の相）の中で把握する必要があるという認識が共有されていたからであろう。

　そのような声を受けて、2015（平成27）年7月に発表された文部科学省「小学校学習指導要領解説　特別の教科　道徳編」では、「第2節　道徳性の理解と評価（105-108頁）」の項目が立てられ、「道徳科に関する評価」のポイントとして、以下のように記述されている（下線は筆者が重要と考えるキーワード）。

・数値による評価ではなく、記述式であること。
・他の児童との比較による相対評価ではなく、児童生徒がいかに成長したかを積極的に受け止め、励ます個人内評価として行うこと。
・他の児童生徒と比較して優劣を決めるような評価はなじまないことに留意する必要があること。
・個々の内容項目ごとではなく、大くくりなまとまりを踏まえた評価を行うこと。
・発達障害等の児童についての配慮すべき観点等を学校や教員間で共有すること。
・現在の指導要録の書式における「総合的な学習の時間の記録」、「特別活動の記録」、「行動の記録」及び「総合所見及び指導上参考となる諸事項」などの既存の欄も含めて、その在り方を総合的に見直すこと。

　加えて「道徳科においても、教師が自らの指導を振り返り、指導の改善に生かしていくことが大切であり、児童の学習状況や道徳性に係る成長の様子を視点として学習の過程を一層重視する必要がある。」と指摘している。また、文

部科学省初等中等教育局教育課程課が作成したＱ＆Ａにおいては、Ｑ「道徳が『特別の教科』になり、入試で「愛国心」が評価されるというのは本当ですか？　道徳が評価されると、本音が言えなくなり、息苦しい世の中にならないか心配です。」に対して、Ａ「道徳科の評価で、特定の考え方を押しつけたり、入試で使用したりはしません。「特別の教科道徳」では、道徳的な価値を自分のこととしてとらえ、よく考え、議論する道徳へと転換し、特定の考え方に無批判で従うような子供ではなく、主体的に考え未来を切り拓く子供を育てます。」と応答している。

　このような公的文書における慎重な記述には、道徳評価の困難さとともに、道徳評価が歴史の中で負った遺産への反省も込められていると考えてよいだろう。

第1項　歴史の中の道徳評価

　第二次世界大戦前の道徳評価を象徴するものとして、「操行」査定があげられる。1900（明治33）年に制定された全国統一の様式による小学校学籍簿には、「操行」欄が設定されている（図6-4-1）[1]。この「操行」査定とは、「「操行は……道徳的行為・道徳的習慣等を指す。操行は躾或は訓育の対象であり、操行査定は訓育の効果の検証である」（『教育学辞典』岩波書店、1939（昭和14）年）と定義される。教育評価研究から見ると、教育評価の対象が従来の「試験」に代表される知識面から品性や道徳といった情意や行為の面に拡大したことを示している。事実、「操行」査定に関する研究書[2]を見ると、児童の体力、感覚、感情、意志といった側面を発達段階に即して研究された成果の紹介が精力的に行われてくるようになる。

　しかしながら、実際の運用においては、集団性や規律に重点がおかれる軍事教練を連想[3]させる「操練」を背景とする「操行」査定は、「人物・品格第一、学力第二」といういわゆる人物主義のもとに、子どもの自主的判断を押しとどめる役割を担ったと言われる。城戸幡太郎の自伝には、そのことを如実に示すエピソードが次のように書かれている[4]。

　城戸少年は、書や絵が比較的うまくて、いつも「甲」（当時は「甲・乙・丙・

第10号表

備考 学校医ヲ置カサル学校ニ於テハ身体ノ状況ノ欄ハ之ヲ欠クコトヲ得	考備	第四学年	第三学年	第二学年	第一学年	学年			生年月	氏　名		
						修身	学業成績					
						国語						
						算術						
						体操						
						操行			住所			
						終了ノ年月日			入学年月日	入学前ノ経歴	卒業年月日	退学年月日	退学ノ理由
						出席日数	在学中出席及欠席					
						欠席日数 病気/事故						
						身長	身体ノ状況					
						体重						
						胸囲 常時ノ差/盈虚			保護者			
						脊柱			氏名	住所	職業	児童トノ関係
						体格						
						眼疾						
						耳疾						
						歯牙						
						疾病						

図6-4-1　小学校学籍薄1900年

丁」の4段階評定）をもらっていた。しかし、ある時、習字の先生が「丙」をつける。その理由として、「おまえは習字はうまいけれど、操行が悪い、だから丙だ」と説明したと言う。どうも城戸少年が理屈っぽい性格であったことが嫌われたとのこと。このエピソードは、「考査」の規準は、当該授業がめざす

学力とは無関係に、教師の胸先三寸にあり、もし成績を上げようとすれば、教師に対する人格的な服従や忠誠心を示さなくてはならない旧「絶対評価」の特徴をよく伝えている。

ところで、この「操行」査定の欄は国民学校期の学籍簿（1941（昭和16）年）では廃止されるに至っている。その理由は、「此の『操行』欄廃止の真精神は国民学校では全教科及科目を通じて、躾及実践等に留意して教育されるのである。苟しくも皇国民として錬成せらる可き資質は総てが教科に包含せられ、各教科相関連して常に国民学校の目的たる皇国民の錬成に帰一せられる様に配意せらるべきである。従って操行は当然各教科の中に包含せられるべき事柄であるという見解である」(5) とされる。

すなわち、その廃止は「操行」査定の問題性の自覚から発したものではなく、いわば「全教育活動の操行化」をめざしたものであったことが理解される。それは修身科の評価と「操行」査定との「矛盾」（一応、前者は道徳の記憶的方面、後者をそれの実践的方面と区分していたが、それでは教科の最高位にある修身科を形骸化させることにつながる）を解消しようとしたが、そのことによって学力・知育の質をますます低下させる結果となったことはまちがいない。たとえば、当時の国民科国史では、「理解」だけでなく「自覚」が重要と考えられ、子どもたちは、「日本は世界一すぐれたありがたい国ですが、どんなところがすぐれてありがたいところですか」（初等科第五学年）と問われ、また国民科修身では道徳的情操の強調のもとに「毎朝校門を入って奉安殿にさいけいれいをする時、どんな感じがしますか」（初等科第三学年）と問われたのである(6)。極端な事例と思われるかもしれないが、当時の「操行化」の実態をよく伝えている。

なお、第二次世界大戦前の「操行」査定に象徴される道徳評価における旧「絶対評価」の反省に立って、1948（昭和23）年に制定された「指導要録」では、道徳評価にあたる「行動の記録（ex.「ひとと親しむ」「自制心がある」「正義感がある」などの項目）」欄では、5段階相対評価(7) が採用されている。たとえ、教師による恣意的判断を極力排除するとはいえ、このような道徳項目も5段階相対評価で行うには無理がある。そこで、1955年改訂の指導要録では、

「行動の記録」欄における評価は、「「学級内の他の児童生徒と比較してどのような位置にあるかをきめるのが第一義ではなくて、あくまで学校独自の生活指導の目標に照し合わせて」「ABC」」[(8)]とすると改められている。また、同要録で新設された「教科以外の活動の記録」欄の主旨にあるように、「各個人の個性に応じた独自の目標」でもって「文章記述による絶対的評価（この場合の絶対的評価とは「個人内評価」の意味）の方式」とする、いわゆる「個人内評価」が採用されている。

　以上のように、歴史における道徳評価のあゆみは、紆余曲折していたことが理解できよう。さらには、従来の「道徳」の時間に関しては、「各教科における評定と同様の評定を、道徳の時間に関して行うことは適切ではない」（学習指導要領）という方針のもとに、教育評価の制度としての指導要録には（またそれに準拠して作成されていると思われる通信簿も同様）、「道徳」の時間に関するとりたてての評価項目は設定されていない。以上のことは、道徳教育イコール「道徳」の授業と考える多くの人たちにとって、道徳教育における教育評価とは何かを本質的に問うことを看過する遠因ともなっていたと考えられる。

第2項　道徳評価の課題と方法

　先に引証した「道徳科に関する評価」のポイントは、道徳評価の困難さと紆余曲折を経た道徳評価の歴史を踏まえて、最大公約数として提起されたものと考えられよう。すなわち、教育評価の目的とは、子どもたちをネブミすることではなく、子どもたちの学習状況を的確に把握して、教師の指導のあり方を反省し、改善するものであること。道徳評価においては、旧「絶対評価」ではなく、「相対評価」でもなく、子どもを全体的に発達的に見る「個人内評価」を採用し、それを点数化するのではなく、記述によって評価すること。さらには、道徳評価においては、個々の徳目ごとに評価するのではなく、子どもたちの成長・発達という長い見通しの中で、大くくりなまとまりを踏まえた評価にするということであろう。

　もとより、「道徳科」は開始されたばかりであり、わけても道徳評価は今後の実践的な探究を待つ必要がある。その上で、先の「道徳科に関する評価」の

ポイントにふさわしい評価方法として、「ポートフォリオ評価法（Portfolio assessment）」を紹介しておきたい[9]。

「ポートフォリオ」とは、「紙ばさみ」が原義であるように、学習過程で生み出される「作品（ワーク）」を蓄積する容器または「作品」そのものを指している。従来の「標準テスト」では、教育成果のネブミを行うという目的のために、ある種の結果主義であった。これに対して、ポートフォリオ評価法では、学習結果としての完成品だけではなくて、何よりも日常の学習過程（コンテキスト）で生み出されてくるさまざまな「作品」を蓄積することを大切にする。たとえば、学習場面で生じる葛藤のプロセスを映し出しているメモ書き、先生への質問カードやワークシートなどを蓄積するのである。

さらには、ポートフォリオ評価法では、実践が開始される前に、そして実践の過程において、さらには実践のまとめを行う際に、教師と子どもたち、さらには保護者や地域住民も参加しての「検討会（カンファレンス）」が実施される。この検討会では、どのようなポートフォリオを取捨選択するのか、発表会ではどのポートフォリオを使うのかなどをめぐって話し合いが行われる。そして、この検討会を通じて教師と子どもたちのねらいとめあてがすりあわされて新しい目標が創られていくと同時に、子どもたちには自分の学習を「自己評価」する力が育成される[10]。

道徳評価において、ポートフォリオ評価を実践する場合、とりわけ「検討会（カンファレンス）」場面が大切となる。なぜなら、今回の道徳科においては、特定の価値観を押しつけるのではなく、何よりも「考え、議論する道徳」が重視されるからである。この「検討会（カンファレンス）」の場面では、クラスでの子どもたちの討論や話し合いが積極的に促され、そのことを通じて子どもたちが自らの考えをどのように変容したのかを「自己評価」することが求められよう。

ポートフォリオ評価法を支える「真正の評価」論においては[11]、子どもたちの「自己評価」をはかる評価基準も、教師たちの民主的参加にもとづく「モデレーション（調整）」によって設定されなくてはならないとされる。

新設された道徳科における教育評価の取り組みは端緒についたばかりであ

り、今後の実践的工夫が求められている。その際には、道徳評価の困難さ、さらには道徳評価の歴史に示された教訓を踏まえた取り組みが期待されよう。

〈注〉
（１）この学籍簿は、中央大学池田賢市研究室、東京学芸大学大森直樹研究室作成「道徳の評価の歴史」から引証。
（２）羽山好作『実験児童操行査定の理論及実際』明誠館、1912（明治45）年参考。この可能性は、たとえば大正期になってアメリカの教育測定運動の影響を受けて書かれた田中寛一『教育的測定学』松邑三松堂、1926（大正15）年や、大伴茂『教育測定の原理と方法』培風館、1931（昭和６）年には、その影響を超えて量的測定に馴じまない「操行調査法」や「情意測定法」が取り上げられていることにも関係すると思われる。
（３）齊藤希史「翻訳語事情──【体操】」『読売新聞』2016年８月１日付参考。
（４）城戸幡太郎『教育科学七十年』北大図書刊行会、1978年、10-12頁参考。
（５）中谷千蔵『国民学校学籍簿精義』東洋図書、1943年、56-57頁。
（６）長野師範学校附属国民学校教科研究会編著『国民学校成績考査の研究』信濃毎日新聞社出版部、1942年、62、96頁。なお、この種の問題は、入試問題にも採用されている（武藤康史『旧制中学入試問題集』ちくま文庫、2007年参照）。
（７）５段階相対評価（当初は、−２、−１、０、＋１、＋２と表記）とは、「零の位に含まれるものを38％、プラス・マイナス１に含まれものがそれぞれ24％、プラス・マイナス２に含まれものがそれぞれ７％の分配率を示すように評価するのである。」（後藤岩男・小見山栄一監修執筆、東京文理科大学内教育心理研究会編『小学校新学籍簿の記入法』金子書房、1948年、31頁）と説明されている。
（８）岩下富蔵・武田一郎『改訂指導要録の記入法』明治図書、1958年、89頁。
（９）ポートフォリオ評価法は狭義の授業評価にとどまらず、進路指導の場面でも、教師養成の現場においても活用されている。鈴木敏恵『ポートフォリオで進路革命！』学事出版、2002年や西岡加名恵編著『教職実践演習ワークブック　ポートフォリオで教師力アップ』ミネルヴァ書房、2013年など参照。
（10）B.D. シャクリー他著（田中耕治監訳）『ポートフォリオをデザインする』ミネルヴァ書房、2001年参照。
（11）ダイアン・ハート著（田中耕治監訳）『パフォーマンス評価入門──「真正の評価」論からの提案』ミネルヴァ書房、2012年参照。

〈推薦図書〉

田中耕治『教育評価』岩波書店、2008年。

西岡加名恵『教科と総合に活かすポートフォリオ評価法』図書文化、2003年。

第7章
道徳教育における教師の役割

第1節　道徳教育をためらう教師

第1項　道徳教育への動機づけが低い教師

　2000（平成12）年、内閣に設置された私的諮問機関「教育改革国民会議」はその報告「―教育を変える17の提案―」において、「学校は道徳を教えることをためらわない」という提言を出した。そこでは、学校教育が担っている道徳教育に対する責務が語られ、また教科としての道徳が提案されたが、この背後には、道徳教育を実施することに対して積極的になれない学校、そして教師の姿が見え隠れしている。

　2012年に文部科学省によって実施された「道徳教育実施状況調査」によれば、道徳の時間の年間実施回数は、小学校で35.7回、中学校で35.1回になっている[1]。年間35回が通常の実施回数として規定されていることを考えれば、小中学校共に規定回数よりも多く実施していることがわかる。しかし一方において、東京学芸大学の「道徳教育に関する小・中学校の教員を対象とした調査」（2012年）では、「実施状況に対する受け止め」において、「道徳の時間が十分に行われていないと思う」と答えた小・中学校一般校教員の割合はそれぞれ66.2％、74.8％に上っている[2]。また、2013年の「今後の道徳教育の改善・充実方策について（報告）」では、以下のような道徳教育の現状が報告されている。つまり、教員の指導力が十分でなく、道徳の時間に何を学んだかが印象に残るものになっていないという点、また他教科に比べて軽んじられ、道徳の時間が、

実際には他の教科に振り替えられていることもあるのではないかという点である。

　教師の指導力の問題は、裏を返せば、道徳の授業に対して教師がそれほど熱心に取り組んでいない、ゆえに力量形成が図れないことを表している。さらに言うならば、指導力の問題は、道徳の授業を実施する教育技術（どのように授業を組み立てればよいか）の問題として扱われる場合と、道徳の授業そのものに対する「心の持ち方」（あるいは動機）の問題として扱われる場合に分けられるであろう。前者の場合は、2013年の報告でも示してあるように、教員に対する研修を充実させることによって一定の効果が現れるかもしれないが、後者のマインドセットの場合は、教員が道徳の授業に対して抱いている意識そのものに働きかけていく必要がある。実は、東京学芸大学の調査においても、道徳の授業そのものや勤務形態との関連から、十分に行われていない理由を尋ねてはいるものの、道徳の時間そのものに対して教師がどのように受け止め、どのように考えているかについては調査されていない。

　道徳教育に関する書籍は、決して他教科と比べて際だって少ないわけではない。たとえば、明治図書出版では道徳に関する書籍が181冊出版されているのに対して、国語は671冊、算数・数学は361冊、社会は234冊である（2017年1月末現在）[3]。教員10年目研修における校外研修の研修項目（選択受講）を見ても、各都道府県の教育委員会（小学校）が設定した教科指導の研修項目が71.6％であるのに対して、道徳教育は68.4％と大差はない[4]。教師が自ら書籍を手に取って学んだり、あるいは研修などにおいて道徳教育の授業力・指導力を向上させたりするための環境が全く整っていないわけではないのである。となると、2000年の「学校は道徳を教えることをためらわない」という提言は、教育技術や授業力の問題として扱いつつも、道徳の授業に向かう教師の動機や意識の問題、つまり授業をためらってしまう心の持ち方の問題としても私たちは考えていく必要がある。

第2項　「聖職者としての教師像」の問題

　では、なぜ教師は道徳の授業に対する動機づけが低いのであろうか。ここに

は、教師を含めた私達が暗黙の内に抱いている、あるいは抱くことを「強制」されている理想の教師像、つまり「聖職者としての教師像」がある。この聖職者としての教師像は、どのように形成されてきたのであろうか。

1879（明治11）年に儒学者元田永孚(ながざね)によって発せられた「教学聖旨」が、1880年の「改正教育令」に大きな影響を与えたことは、第6章で既に示したとおりである。先に、改正教育令において修身科が筆頭教科になったことを示したが、教師に対しては「品行不正ナルモノハ教員タルコトヲ得ズ」と明言され、身の振る舞いや行儀が道徳的ではない人間は、教員として相応しくないとされた。これを受けて、1881年には文部卿福岡孝弟(たかちか)の名で「小学校教員心得」が交付され、教員としての16の心得が示された。そこでは小学校教員の良否が国家の隆盛を担っているゆえに責任は重大であることが述べられ、「殊ニ道徳ノ教育ニ力ヲ用ヒ〔中略〕常ニ己カ身ヲ以テ之カ模範トナリ生徒ヲシテ徳性ニ薫染(くんせん)シ善行ニ感化セシメンコトヲ務ムヘシ」と、教師は常に児童の模範となるべきであり、その立ち振る舞いで児童生徒の徳性を涵養しなければならないといった教師像が提示された。

ここに見られる「聖職者」としての古典的な教師像は、一世紀以上経った今でも私たちに大きな影響を与えている。たとえば教師のさまざまな問題は、教師の人間性（あるべき聖職者としての教師像）をからめて扱われることが多いのはいうまでもない。たとえば村井淳志は、「一定の比率で非難に値する人・能力に欠けた人が存在するのは、教員世界だけではない。［中略］会社にしろ役所にしろ、どんな組織にも何割かの『問題人』が存在する方が当たり前ではないか。それとも教師だけは、例外でなければならないのだろうか」[5]と教師のみがバッシングの矢面になることを問題視している。

もちろん、道徳教育は学校教育全体を通じて行われるものであるので、学校教育を職務とする教師は、子どもたちの「模範」となるような道徳的存在でなければならないという理屈は、一方においてもっともであろう。そしてそのような教師は決して否定されるべきものでもないかもしれない。しかし、他方において、聖職者であることを重荷に感じ、「聖職者」としての教師と、自分の現実の姿を照らし合わせて、「私なんかが道徳を教えてもいいのだろうか」と

いう不安を教師が感じることも十分に理解できる。

第3項　新たな教師像の必要性

　たとえば、2015年に立命館大学の教職課程科目「道徳教育の研究」受講生167名に対して実施したアンケートがある。「教師には聖職者と呼ばれるような高い人間性が必要とされるか」という問いに対して、「はい」と答えた学生は70％にのぼったが（図7-1）、「自分には聖職者と呼ばれるような高い人間性があるか」という問いに対して、「はい」と応えた学生はわずか16％に留まった（図7-2）。この調査結果に基づくならば、「聖職者としての教師」観に基づいた道徳教育の実施は、「私などが授業をおこなってもよいのだろうか」という不安をますます強め、道徳の授業の十分な取り組みは望めそうにない。

　となれば、教師が道徳授業を実施するにあたって、「聖職者としての教師」ではなく、別の新たな教師像から道徳教育の実施を考えていく必要がある。そして、それは単に、道徳教育を実施する指導力の問題ではなく、道徳教育を実施する動機や意識の問題とも結びついてくる。

　これについて明らかにする前に、教師自身は児童生徒をどのように捉えているのか、そして児童生徒の何を育んでいく必要があるのか明示する必要がある。

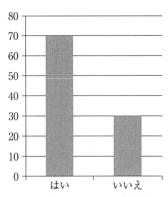

図7-1　教師には高い人間性が
　　　　必要とされるか（％）

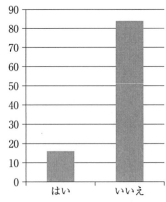

図7-2　自分には高い人間性が
　　　　備わっているか（％）

なぜならば、教師は対象としての児童生徒が存在することによってはじめて存在することができるからである。教師と児童生徒がどのような関係にあり、対象としての児童生徒をどう見ているのか、ならびに何を育んでいくのか明らかにした上で、新たな教師像を探っていくことにする。

第2節　二つの子ども観

第1項　「人格の完成を目指す」という教育目的

　私たちは意識的に、あるいは時に無意識的に、児童生徒にこう成長してほしい、こういう力を身につけてほしいという「あるべき姿」を意図的に設定し、教育活動をおこなっている。そこでは目指すべき児童生徒の姿が描かれ、その実現のためにはどういうアプローチがいいのか、どういう教育を施せばいいのか、あるいはどういう刺激を与えたらいのか、教師によって選択がなされ、実行される。ここで少なくとも一つ言えることは、児童生徒の外側に目標が設定され、その実現に向けてどのように後押ししていくか、導いていくかという形で、教育が営まれてきたということである。

　教育基本法第1条では、教育の目的を「人格の完成を目指し」と規定していることは周知の事実である。人格の完成とは、教育基本法制定の要旨（文部省訓令第4号）において、「個人の価値と尊厳との認識に基き、人間の具えるあらゆる能力を、できる限り、しかも調和的に発展せしめること」[6]（原文ママ）と解釈されている。つまり、教育という活動を通じて人間の発達可能性を実現していくことを全面的に信じた文言であると言える。

　「人格の完成」という教育目的に基づいて学習指導要領が作成され、学習指導要領の総則ではさらに教育目的が規定され、その総則の教育目的に基づいて、道徳教育、及び各教科、総合的な学習の時間、特別活動、外国語活動（小学校）の各領域で目的が細分化され、具体的な目標と形を変えていく。そして、その各領域の目標が、学校教育目標、学年目標に、さらに各教科の単元目標、そして授業目標へとつながっていく。つまり「人格の完成」という教育目的に基づ

いて、道徳教育における教育課程編成や各教科における教育課程編成等がおこなわれているのである。「人格の完成」そのものが非常に抽象的で宗教的な概念であるがゆえに（「人格の完成」という言葉にこだわった法学者田中耕太郎は熱心なクリスチャンであった）、実際の教育実践の運用上からは完全に切断された概念であると捉えることも可能であるが[7]、一般的には教育課程編成上の解釈からみると「人格の完成」から授業目標の設定に至る道筋は一つの線上にあると考えられる。となると、この教育課程編成上に位置づけられる「子ども観」は、意識していないにせよ、「人格の完成」を前提として設定されていることになろう。

第2項　教師の持つ二つの子ども観

　ではこの「人格の完成」を、私たちはどのように捉える必要があるのだろうか。この解釈によって、教師の子ども観は二つに分かれることが考えられる。
　先にも述べたように、学習指導要領、あるいは日々の教育実践に基づいて忠実に子どもを育てようとする教師は、「理想とする姿」に到達させたいと考える。その場合、「人格の完成」が意味することは、教育基本法、あるいは教育実践者としての教師によって設定された、児童生徒の外側にある「理想とする人格」あるいは「望ましい能力を身につけた児童生徒」であり、そこへ導いていくことが「教育」にほかならない。
　一方で、文部省訓令の解釈通りに「人格の完成」を「人間の具えるあらゆる能力」を発達させることと捉えるならば、それは児童生徒の内側にあるものを教育によってどれだけ発達させることができるかという子ども観が導かれる。少なくとも言えることは、教育の目的は児童生徒が発達し能力を開花させていくことそのものであり、発達させることによってどこかへ到達させるという手段としての教育ではない。たとえばデューイ（J. Dewey）は、成長こそが教育の目的であり、その成長は経験の再構成によってもたらされることを示したが[8]、この捉え方はまさしく教育の目的が児童生徒の内側にあることを意味している。
　この両者の子ども観には大きな隔たりがある。たとえば、「子どもの主体性

を育む」という言葉についても、教師の意図の範囲内において主体性を育む（授業中に活発に発言するなど）ということと、権利主体としての児童生徒を真に理解し、児童生徒を受け入れた上での主体性を育むことは、大きく異なるであろう。とりわけ道徳教育に限定してみれば、子どもの外側に理想的な子ども像を設定しそこへ導いていくことを目的とした道徳教育と、子ども（あるいは人間）がそもそも有している諸能力を伸ばしていくことを目的とする道徳教育は、大きく異なる。

　歴史を紐解けば、古くは修身教科書の最後には理想的な人間が描かれており（たとえば第一期国定修身教科書の高等小学第四学年には総括に「よい日本人」が設けられており、以降第五期国定修身教科書に至るまで「ヨイコドモ」が設けられている）、1966（昭和41）年に中央教育審議会の答申として出された「期待される人間像」などは、その名の通り児童生徒（あるいは国民）の外側に設定された「理想的な人間」を目指した教育を推進することを目論んでいた。

　教育と名のつくものはそもそも目的を持った意図的な活動であるが、その目的を児童生徒の外側に設定するのか、それとも内側に設定するのかによって大きな違いが生じるのである。人間が社会的な存在である以上、自らが生きる社会の規範や規則などは当然身につけておく必要があるし、それを獲得できなければ生きていくことそのものが危うくなる。その意味において、生きていくために社会の規範を教えるという教育の目的は外側にあってしかるべきかもしれないが、それだけでは人間としての能力を十分に発揮する教育を満たすことにはならない。また、既に明らかにしてきたように、聖職者としての教師像は教師としてのあるべき姿を外側から設定されたものである。教師自身が、あるべき姿の呪縛に囚われながらも、児童生徒にはあるべき姿を「強要」するという二重のバインドが、道徳教育を一層困難なものにしていると言えるのかもしれない。

第3節　児童生徒の「何を」育んでいくのか

第1項　ハイトの道徳基盤理論

　では、発達可能体としての児童生徒には、そもそも何が備わっているのであろうか。先の「人格の完成」の解釈に基づけば、「人間の具えるあらゆる能力」とは道徳教育に照らし合わせると何を表すのであろうか。具体的にどのような内在的な能力を育んでいく必要があるのだろうか。

　たとえばコールバーグであれば、正義に関する判断能力を発達させていくと回答するであろうし、ノディングス（N.Noddings）であれば共感に基づいた「ケアリング」（思いやり）の倫理的意識を育んでいくと答えるであろう[9]。また近年では「道徳的コンピテンス」（moral competence）という概念が提唱されており、リンド（G.Lind）は「道徳的－民主的コンピテンス」を、「あらゆる市民が自らの道徳原理に従って判断し、行動する道徳的能力」と、「暴力や権力の行使ではなく、恐れのない対話によって葛藤を解決する道徳的能力」の二つにまとめている[10]。道徳的コンピテンスの考えに基づけば、上記の2点を育むことが人間の内在的な能力を開花させることになる。

　しかしながら、社会心理学者のハイト（J. Haidt）は上述のコールバーグらに代表される道徳理論は欧米社会の合理主義、個人主義側面が重視される非常に偏った道徳の規定であると批判し[11]、多元的に道徳は構成されると指摘した[12]。彼は「進化心理学（evolutionary psychology）」[13]や文化人類学の知見に道徳の源泉を求め、「道徳基盤理論」（Moral Foundation Theory）を提唱し、新たな道徳性の規定を試みている。

　彼は、道徳心理学を以下の三つの原理から捉えている。

① まず直観によって道徳的判断をし、その後それに合致する道徳的思考をおこなう（社会的直観モデル）。
② 道徳は「ケア／危害」と「公正／欺瞞」だけではなく、その他にも存在す

る（六つの道徳基盤）。
③　道徳は人々を結びつけると同時に、盲目にもする（マルチレベル選択）。

　紙幅の関係上、本章に特に関わる①と②についてのみ、ごく簡単に概説してみよう。私たちは長い歴史の中で生きながらえるために、五感を通じて認識されたものが安全なものか身に危険を及ぼすものであるか即座に判断する脳のメカニズムを有している。道徳的な問題に関しても、それが直観的に強い情動を伴った判断（同情や怒りといった快か不快の判断）をおこない、それに合致するような道徳的思考をおこなうことをハイトは多くの実験調査から見いだした（社会的直観モデル）。
　コールバーグは、認知発達理論に基づいて正義の観点から道徳性発達理論を定義したが、ハイトによればそれは「共同体の倫理」と「神性の倫理」を等閑視していると指摘する[14]。彼は複数のモジュール（「人類史の適応的課題に応じて進化的に獲得されてきた」[15]もの、たとえばヘビを見たら恐れの反応を示すなど）の存在を明らかにし、「ケア／危害」、「公正／欺瞞」、「忠誠／背信」、「権威／転覆」、「神聖／堕落」、「自由／抑圧」という六つの道徳モジュールから道徳基盤理論を構築した（表7-1参照）。表7-1における「適応課題」とは、人類が長い歴史の中で直面していた課題であり、直観的にその課題を解決することで適応してきたものを示している。トリガーとはモジュールのスイッチを入れる装置で、本来の原初的なものをオリジナル・トリガー、現代社会に置き換えた際にスイッチを入れるものをカレント・トリガーと呼んでいる。
　この道徳基盤理論によって、道徳性は正義（公正さ）あるいはケアといった単独の価値で定義できるものではなく、複数の道徳のモジュールの強弱によって機能することをハイトは示したのである。たとえば、政治的にリベラルな考え方をする人々は「ケア」と「公正」に対して強い反応を示す一方で、「忠誠」「権威」「神聖」についてはほぼ考慮しない傾向がある。それに対して、保守的な考え方をする人々は「忠誠」「権威」「神聖」をもっとも重視しながらもほぼ全ての基盤を同等に考慮に入れることが明らかになっている[16]。

表7-1　ハイトの道徳基盤理論

	ケア／危害	公正／欺瞞	忠誠／裏切り	権威／転覆	神聖／堕落	自由／抑圧
適応課題	子どもを保護しケアする	双方向の協力関係の恩恵を得る	結束力の強い連合体を形成する	階層性のもとで有益な関係を築くこと	汚染を避けること	支配や抑圧を避けること
オリジナル・トリガー	苦痛、苦境、自分の子どものニーズ	欺瞞、協力、詐欺	グループに対する脅威や挑戦	支配と服従の兆候	廃棄物、病人	暴君、専制
カレント・トリガー	赤ちゃんアザラシ、かわいらしい漫画キャラクター	配偶者への貞節、故障した自動販売機	スポーツチーム、国家	ボス、尊敬を集めるプロ	タブー視されている考え（共産主義、人種差別）	不法な制限、自由の制約、政府の干渉
特徴的な情動	思いやり	怒り、感謝、罪悪感	グループの誇り、裏切り者への怒り	尊敬、恐れ	嫌悪	抵抗、怒り
関連する美徳	ケアすること、親切	公正、正義、信頼性	忠誠、愛国心、自己犠牲	従順、敬意	節制、貞節、敬虔、清潔さ	自由、平等

ハイト（2014. p206）Haidt（2012. p.125）の表、並びに第8章の＜自由／抑圧＞の記述をもとに作成。

第2項　六つの道徳基盤要素からどう道徳判断を下すか

　以上のように道徳基盤理論はまとめられるが、ハイトは人間には上記のような道徳に関する基盤が備わっていると主張するに留まり、これらの諸要素をどのように教育で扱うかについてはほとんど言及していない。彼は次のように述べる。「私が提案する道徳の定義は、記述的であることが意図されている。したがって、それのみでは規範的な定義として機能しない」[17]。つまり、彼は道徳の源泉として人間に備わっている諸要素（道徳モジュール）を明確にしたものの、なぜそれが「道徳的」であるのかについては言及していないし、その善さについても言及を控えている。

　唯一彼が500頁にも及ぶ著作（邦訳は600頁を超える）の中で、「教育」に関する言及をしているのは、次の箇所である。

あなたがよその集団を理解したいのなら、彼らが神聖視しているものを追うとよい。まずは6つの道徳基盤を考慮し、議論のなかでどの基盤がウエイトを占めているのかを考えてみよう。より多くを学びたいのなら、まず自らの心を開かなければならない。少なくとも一つのものごとに関して交流を持てば、彼らの意見にもっと耳を傾けられるようになり、もしかすると集団間の争点を新たな光のもとで見られるようになるかもしれない。当然、同意できない場合もあろう。だがそれによって、たとえ見解の不一致は残ったとしても、マニ教的な二極化を脱して、より互いを尊重し合える建設的な陰と陽の関係を築けるのではないだろうか[18]。

六つの道徳基盤は予め人間に備わっているいわば「草案」のようなものであるが、それらはその後の生育歴や社会経験によってそれぞれの道徳基盤の「解釈」を多様にしていく。それがそれぞれの人々の道徳についての考え方の違い（時に対立するもの）に結びつくのである。しかし、だからといって「よき解釈」を教えればよいとするのはあまりに早急である。相対的であるそれぞれの文化における「よさ」を教えたところで、それは対立を解消することにはならないからだ。同時に、六つの道徳基盤をバランスよく育むというのも早急であろう。学校教育のみが児童生徒の教育責任を全て負っているわけではないし、私たちに与えられるあらゆる経験をコントロールすることなどそもそも不可能である。

となると、ハイトのいうように六つの道徳の源泉とそれの解釈には違いがあり、それがパーソナリティや集団を形成するということを前提とした上で、そこに出現する対立を解消するためには、お互いに関わり合うことしか道はないのかもしれない。本節の最初の問いに戻るなら、次のようにまとめることが可能である。つまり、人間には六つの道徳基盤が存在し、人々はそれに基づいて直観的に道徳判断を下す。その道徳判断から集団を形成し、時に対立するゆえに、どの点で一致しどこで対立が生じるのか見極めていく「能力」、自分たちとは異なる集団にコミットしていく「能力」を児童生徒に育んでいく必要がある。

第4節　教師が自らの「あり方」を探究する視点

第1項　教師の創造性を培う

「教育方法学」という分野が主として研究対象としているのは、「教育目的の達成のために利用されるあらゆる教育の方法・技術」であり、その特質は「『何のために、何を、どのように』教えるかという『目的－内容－手段』の関係について常に新しい関係を樹立する創造的性格」[19]にあるとされている。つまり、ある教育目標の下で、その目標を達成するための教育内容をいかに選択し、適切な教育方法を見いだし、それらの教育活動が児童生徒と教師に適切に遂行されたのか評価をおこなうという「目標－内容－方法－評価」であり、そこには「教育方法」を新たなものに変革していく教師の創造性が含まれている。

しかしながら、「創造的性格」という教師の独自性が教育方法学の範疇に入っているにも拘わらず、どのようにすればその創造的性格が培われてくるのかという問いはそれほど関心を集めていない。むしろ、安定した教育技術の獲得、あるいは自分のクラスでも実行可能な学習指導案への要求の方が、日常の教育活動をおこなう教師にとっては目下の関心事であることは想像に難くない。この傾向は少し歴史を遡れば見えてくる。

教育方法を「伝達可能な教育技術」とやや狭めて解釈する傾向は、1960年代のアメリカにおける「ティーチャープルーフ」（teacher-proof：どんな教師にも有効なカリキュラム開発）[20]に端を発する。そこでは誰が教育活動をおこなっても同様の効果が得られるという、教師不在のカリキュラム開発が盛んになった。いかなる教育現場であっても通用する教育プログラムと教育技術の開発は、一定の質を担保した教師の育成という点では効力を発揮するが、教師の特性や人間性を看過しているとも言え、教師の創造的性格については問題にしない。ショーン（D. A. Schön）の言葉を借りれば、ティーチャープルーフ・カリキュラムは「技術的熟達者」（technical expert）の育成には寄与するが、「反省的実践家」（reflective practitioner）へは直結しないのである[21]。

第2項　教師のあり方そのもの

　では、教師を単に教育を遂行する「ティーチングマシーン」と捉えるのではなく、「誰が教えるのか」という、当該教師固有の創造的性格や特性、人間性、すなわちその教師の「あり方」を視野に入れた育成はどのように進めることができるのであろうか。ここで断っておきたいのは、教育活動を展開する上で、「何をどう教えるか」という伝達可能な教育技術は必要不可欠であるということである。しかし、その教育実践を支える教師のあり方そのものにも焦点を当てる必要があるとも考えている。なぜならば、以下に示すように、あり方そのものが教育実践に大きく影響を与えるからである。

　前節において「道徳的コンピテンス」という用語を用いたが、このコンピテンス（あるいはコンピテンシー：資質や能力）に対する研究は、教育界では1990年代より盛んになってきた[22]。そこにおいて、私たちのコンピテンシーは、可視的な知識や技術といった能力と、潜在的な部分である人間性や動機、特性といった非認知的なものに分類することができることが明らかになってきた。たとえばスペンサーら（L.M.Spencer & S.M.Spencer）が提示した氷山モデル（可視的に捉えられるスキルや知識と、水面下にある潜在的な能力のたとえ）はその一例であろう（図7-3参照）[23]。

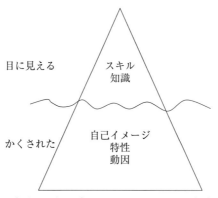

図7-3　氷山モデル（スペンサーら、2011年参照）

またオランダの教師教育学者コルトハーヘン（F.A.J.Korthagen）は、ゲシュタルト心理学（人間の精神を部分的に捉えるのではなく、ニーズや価値観、感情等をまとまりのある全体として認識すること）に基づいて、「玉ねぎモデル」（onion model）を用いたリフレクション（省察・内省）を提唱した。（図7-4参照）[24]。これは六つの層（環境、行為、能力、信念、アイデンティティ、使命）から成立しており、人間の内的な決定が外側の可視的な行動へとつながっているとした。そして、最も核となる「使命」の層を「その人の核となる善さ」（the person's core qualities）と呼ぶ。彼はこのモデルにおいて、教師が自らのコアとなる「核となる善さ＝強み」を見いだしていくリフレクションを「コア・リフレクション」と称し、省察・内省というリフレクションによって教師が自らの「使命」を明らかにし、それと外側の能力や行為が一貫する形で教育実践をおこなっていけるようになることを目指している[25]。

　たとえば、教師自身が大切にしたい自分の使命と、自身の教育活動を遂行する能力にズレがあった場合（子どもの主体性を伸ばしていきたいのに、子どもたちの興味関心を喚起できないなど）、教師は思い悩むだろう。自分自身の信念と自身の教育行為に齟齬があった場合（子どもたちを笑顔にしたいのに、厳

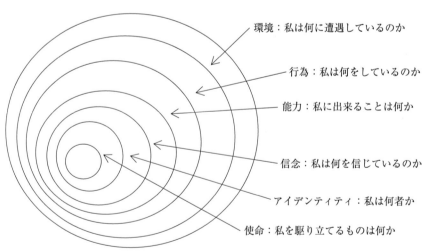

図7-4　玉ねぎモデル（Korthagen, 2013参照）

しい管理的な指導をしてしまうなど）も同様である。このズレや齟齬を認識することなく、教育技術や能力をそれ単独のものとして捉えて、技術や能力の改善を図ることはできるかもしれないが、教師という人間存在全体から教育技術などを捉えることはできないために、教師の内面的な不一致の感覚は拭い去ることはできない。教師が玉ねぎモデルを通じて自らの実践を省察・内省する中で、どの層に課題があるのか見いだすのがコア・リフレクションの大きな役割でもある。

つまり、まとまりのある全体というホリスティックな視点をもって、教育実践を省察・内省することは、どのように教育技術を用いているのかというような表面的な認識に留まらず、教師自身のあり方や信念といった潜在的なところにまで問い直すことにつながる。そしてこの営みによって、教師自身が自分という人間を全体として深く理解できるようになるのである。連続した全体としての自分自身をいかに認識するかということが、教師の教育活動を豊かにしていく。

第3項　教師のあり方を確認する

では、このようなコンピテンシーの捉え方や玉ねぎモデルは、道徳教育を展開する教師にどのような視点を与えるのであろうか。単なる聖職者としての教師ではなく、児童生徒が対立を調停できるような「能力」を育んでいくことにつながるのであろうか。

繰り返しになるが、教師は一つの授業や単元を組み立てるにあたって、教師の潜在的なものの見方や考え方（玉ねぎモデルの内側の部分）に基づいて教材の選択をおこない、教師の解釈を交えながら児童生徒に教えていく。これは何も授業に限ったことではない。学級経営においても、自らの信念や子ども観に基づいた実践をおこなっていることは十分に考えられる。となると、自らのコアが何であるのか、何にもっとも価値をおいているのか、つまり自分自身のあり方を連続した全体の中で捉えることが必要であり、またその洞察を踏まえた子ども観の獲得が必要とされる。

そこで、以下に自分自身のあり方を確認するポイントを示そう。

・オープンマインド（判断の保留）によって自分の先入観に気付くこと

　自分はどのような先入観で物事を捉えているのか、無意識の価値基準は何か、物事を判断する際にどのような「道徳モジュール」が影響を与えているのかについて知る必要がある。そのためには、一旦判断を保留し、自分自身の判断の根拠を見つめることが求められる。

・メタ的に物事を捉えること

　私たちは往々にして自分の視点や立場から物事を捉えがちであるが、それは物事を捉える際の一つの見方にすぎない。俯瞰的に物事を捉え、新たな関係性の中で物事の解釈をおこなうことで、多様な見方を獲得できる。

　これらのポイントに基づいた教師の自分自身を探る経験は、児童生徒に対しても、同様の視点で眺めることができるという利点を持つ。つまり、できるだけニュートラルな立場で児童生徒の道徳モジュールを探ることが可能になり、児童生徒がどのような存在であるか探ろうとするのである。

　このような教師は、もはや外から設定された理想的な教師ではない。自らの内側に存在する「あり方」から派生した教師であり、自らの教育実践との連続性の中で語られる教師である。そして児童生徒に対しても、外側に設定されたあるべき姿から児童生徒を眺めるのではなく、児童生徒の内側にある人間性から児童生徒を捉えることができるのである。教師ができうる限り自身の先入観をなくしメタ的に物事を捉えた上で、児童生徒の存在を見つめ認めること、それこそがこれから道徳教育、ひいては学校教育に求められる教師の役割である。

〈注〉
（1）文部科学省「道徳教育実施状況調査結果の概要」2012年。
（2）東京学芸大学「総合的道徳教育プログラム」推進本部『道徳教育に関する小・中学校の教員を対象とした調査──道徳の時間への取組を中心として──＜結果報告書＞』2012年。
（3）明治図書出版ホームページ（http://www.meijitosho.co.jp/）、2017年1月27日確認
（4）文部科学省「10年経験者研修実施状況（平成25年度）調査結果」2015年。

第 7 章　道徳教育における教師の役割

（5）村井淳志「教師バッシングはもうやめて——心躍る学びの場を」グループ・ディダクティカ編『教師になること、教師であり続けるこ——困難の中の希望』勁草書房、2012年、185頁。
（6）文部省「教育基本法制定の要旨」（文部省訓令第4号）1947年5月3日。
（7）森昭『人間形成原論』黎明書房、1985年、237頁。
（8）J.デューイ（松野安男訳）『民主主義と教育（上）』岩波書店、1975年、87-91頁。
（9）N.ノディングス（立山善康・林泰成ら訳）『ケアリング：倫理と道徳の教育——女性の観点から』晃洋書房、1997年。
（10）G. Lind," Moral competence and democratic ways of life," in W.G. Weber, M. Thoma, A. Ostendorf, L. Chisholm,（eds.）, *Democratic Competences and Social Practices in Organizations*, Springer VS, 2012, p.66.
（11）ハイトによれば、従来の心理学は欧米の（Western）、高等教育を受け（Educated）、産業化され（Industrialized）、裕福で（Rich）、民主主義的（Democratic）な文化の元で暮らす人々（WEIRD）を対象としていたと指摘している（J.ハイト（髙橋洋訳）『社会はなぜ左と右にわかれるのか——対立を超えるための道徳性心理学——』紀伊国屋書店、2014年、162-167頁）。
（12）ハイトの理論については藤澤文「道徳的判断」有光興記・藤澤文編著『モラルの心理学—理論・研究・道徳教育の実践』北大路書房、2015年に詳しい。
（13）進化心理学とは、人間の認知をめぐる問いに対して、進化という観点から捉える学問である。人間の脳は自然選択によって形成された情報処理装置であり、さまざまな適応的課題に対応するために、複数のモジュールを備えているとした（藤澤、前掲論文）。
（14）J.ハイト、前掲書、168-170頁
（15）藤澤、前掲論文、22頁。
（16）J.ハイト、前掲書、251-257頁。
（17）J.ハイト、前掲書、418頁。
（18）J.ハイト、前掲書、478頁。
（19）柴田義松「教育方法学の対象と課題」日本教育方法学会編『現代教育方法事典』図書文化、2004年、19-22頁。
（20）日本教育工学会編『教育工学事典』実教出版、2000年、122頁。
（21）D.A.ショーン（佐藤学・秋田喜代美訳）『専門家の知恵——反省的実践家は行為しながら考える——』ゆみる出版、2001年。
（22）松下佳代編『＜新しい能力＞は教育を変えるか——学力・リテラシー・コンピテンシー——』ミネルヴァ書房、2010年。

(23) ライル・M. スペンサー、シグネ・M. スペンサー（梅津祐良・成田攻・横山哲夫訳）『コンピテンシー・マネジメントの展開（完訳版）』生産性出版、2011年。

(24) Fred A.J. Korthagen, (eds.), Teaching and Learning from Within: A core reflection approach to Quality and Inspiration, Education, Routledge, 2013. また Fred A.J. Korthagen, (ed.), Linking Practice and Theory, Lawrence Erlbaum Associates, Inc, 2001の邦訳として、武田信子監訳『教師教育学——理論と実践をつなぐリアリスティックアプローチ——』学文社、2010年があげられる。

(25) 教師の資質能力の観点からコルトハーヘンを援用しているものに、山辺恵理子「資質と能力の不可分性について——『教員の資質能力』向上の議論の特徴と課題——」『日本教師教育学会年報』第23号、2014年、148-157頁がある。またコルトハーヘンの教師教育学については、荒木寿友「教員養成におけるリフレクション—自身の「在り方」をも探究できる教師の育成に向けて」『立命館教職教育研究』第2号、2015年、5-14頁がある。

〈推薦図書〉

OECD教育研究革新センター編著（斎藤里美監訳）『多様性を拓く教師教育——多文化時代の各国の取り組み——』明石書店、2014年。

D. ショーン（柳澤昌一・村田晶子監訳）『省察的実践者の教育——プロフェッショナル・スクールの実践と理論——』鳳書房、2017年。

P.M. センゲ（リヒテルズ直子訳）『学習する学校——子ども・教員・親・地域で未来の学びを創造する——』英治出版、2014年。

L.D. ハモンド、J.B. スノーデン（秋田喜代美・藤田慶子訳）『よい教師をすべての教室へ——専門職としての教師に必須の知識とその習得——』新曜社、2009年。

C. ファデル、M. ビアリック、B. トリイリング（岸学監訳）『21世紀の学習者と教育の4つの次元——知識、スキル、人間性、そしてメタ学習——』北大路書房、2016年。

索引

【ア行】

アーキテクチャ……………………………6, 101
アーレント……………………………………108
愛国心……………………………113, 177, 194
青木孝頼……………………………………158, 174
アクティブ・ラーニング
　……………………………85-86, 91, 106, 143
「アクティブ・ラーニング」の視点………85
天野貞祐……………………………66-68, 73, 77
荒木紀幸……………………123, 128, 136, 164, 174
アリストテレス………………35-38, 40-42, 202
いじめ…5-7, 17-18, 80, 105, 108, 156-157, 174
石山脩平……………………………………68, 70, 73
磯前順一……………………21-23, 27-28, 30-32
貫戸朋子……………………………146-147, 150, 152
イデオロギー……………………14-15, 18, 28, 78
イデオロギー批判………………………14, 18, 28
伊藤博文……………………………31, 54-55, 61
井上円了………………………………………25
井上治郎……………………………………157-158, 174
井上哲治郎……………………………………24
いのち……………39, 42, 46-51, 120, 147, 150
いのちの開け……………………………………48
上田閑照………………………………43-44, 52
嘘…………………………………5, 12, 103-104
内村鑑三………………………………………23
エトス（習慣づけ）……………………36-37, 41
応答責任（レスポンスビリティ）
　……………………………13, 16, 18, 102-105, 113-114
オープンエンド……………………………162, 164
小沢牧子……………………………………156, 174
思いやり………5, 8, 37-39, 48, 50, 90, 100, 123,
　125-126, 137, 142, 147, 165, 192, 194

【カ行】

改正教育令…………………………54, 153, 187
学習指導要領………………………12, 35, 37-38,
　40, 66-68, 74, 78-80, 83-86, 88-89, 91, 106,
　109, 111, 130, 134, 142, 145, 151, 156, 167,
　176, 180, 189, 190
課題がある生徒への配慮……………………151
勝部真長……………………………………157, 173-174
かなしみ/かなしむ……………………42, 49, 51-52
川井訓導事件…………………………………58
考え、議論する道徳………17, 41, 80-81, 83-85,
　105-106, 112, 130, 165, 167, 177, 181
考える道徳………39, 41, 83, 119, 128, 130, 136
感情管理………………………………………101
カント（イマヌエル・カント）………11-12,
　103, 108, 114
技術的熟達者…………………………………196
期待される人間像……………………………78, 191
木下竹次………………………………………58, 62
規範………………13, 16, 33, 45, 77, 97, 130, 148,
　154, 162-163, 191, 194
規範意識………………………………………33

ギャングエイジ…………………………128
9歳の壁……………………………………128
旧「絶対評価」……………………179, 180
教育改革国民会議………………79, 185
教育基本法の改正………………………79
教育再生会議………………………79, 80
教育再生実行会議…………………80, 156
教育勅語…………23, 26-27, 55-58, 60, 65-66, 75, 77, 92, 154
教育勅語等の失効確認／排除に関する決議
　………………………………………………66
教化…………………………………21-22, 59-60
教学聖旨……………………31, 53-54, 153, 187
共感………………7-8, 87, 98-99, 102, 104, 111, 114, 120-121, 130-132, 134
教科書疑獄事件………………………………56
教材……41, 58, 60, 65, 80, 84, 88, 90, 124, 130-131, 134, 138-140, 142-144, 146, 150, 153-156, 158-161, 166, 169, 174, 199
教導職…………………………………………23
共同体主義……………………………12, 19
共同体道徳………………13-16, 18-19, 92, 100
教部省………………………………………22-23
虚無…………………………………………47
偶然………………………………………47-51
偶然性………………………………………47
ケア……………13, 16-17, 94, 97, 99, 102-103, 114-115, 192-194
ケアの倫理………………………13-18, 102
ケア論………………………………………13
コア・カリキュラム………………68, 71, 73
コア・リフレクション……………………198
工業化社会…………………………95-96, 98, 100

構成的グループエンカウンター…………170
公民教育刷新委員会……………………64
功利主義………………………………11-12, 152
コールバーグ………118, 129, 147, 161-162, 164, 166, 192-193
『国体の本義』……………………………59, 63
国定教科書………………………55-58, 60, 62
国民科修身……………………………60-61
国民道徳………………19, 26, 54, 56-57, 62
国民道徳論……………………………56-57, 62
『心（こころ）のノート』………155-157, 174
5段階相対評価……………………179, 182
御真影……………………………55, 61, 65, 72
個人内評価………………………………176, 180
孤独…………………………………………47
子安宣邦………………………………24, 31-32
コルトハーヘン……………………………198, 202
コンピテンシー／コンピテンス………89, 167, 192, 197, 199, 201-202

【サ行】

最大多数の最大幸福………………11, 148, 150, 152
澤柳政太郎…………………………………58, 62
自我関与………88, 119, 130-132, 134, 151, 160, 161, 167, 170
自己犠牲……………………………98-99, 111, 194
自己コントロール……………5, 12, 14, 95, 165
自己中心性………………………………117
自己内対話…………………………………87
自己評価…………………………………151, 181
自然の道徳………………………………7-9, 14, 15
七條正典…………………………………156, 174
師範学校………………32, 53-54, 56, 58, 61, 64, 182

師範学校令·······································54
市民····················10, 55, 57, 67, 105, 107, 108
「資料で」教える···························157-158
「資料を」教える···························157-158
社会科における道徳教育の観点············67
宗教····················8-10, 15, 20-23, 26-30, 51, 54, 72, 172, 190
修身············24-26, 31, 53-68, 70-71, 73, 75-77, 153-155, 173, 179, 187, 191
修身口授·······································53, 153
修身、日本歴史及ビ地理停止ニ関スル件
···64, 154
授業改善···151
10歳の壁···128
主体的・対話的で深い学び·········85-88, 106
少年犯罪··97, 114
情報消費社会············92, 95, 97, 99-102, 104, 106, 111
初期社会科··66
神格化··60, 65
人格····················10, 35, 40, 65-66, 101, 146, 160, 165, 179, 189, 190, 192
人格の完成················35, 146, 189, 190, 192
人権························10-11, 15, 19, 93, 99
人工知能（AI）··································110
「真正の評価」論·······························181-182
神道··27-28, 64
人文主義··39
『臣民の道』··································59, 63
スペンサー·································197, 202
墨塗り教科書······································64
生活指導·····························41, 66, 77, 157, 180
生活綴方·······································69, 73

正義···········11-13, 104-105, 107, 115, 147, 162, 163, 179, 192-194
聖職者としての教師···········186-188, 191, 199
生徒指導··146
生命尊重········38, 93, 108-109, 111, 147, 150
説明責任（accoutability）··········102-104, 107
セルマン·······································165, 174
ゼロトレランス··································101
戦後教育·································78, 82, 174
戦後教育改革···························75, 78, 82
全面主義··74-77
「操行」査定·····························177-179, 182
贈与··10, 13, 92
ソクラテス···39

【タ行】

第一次国定修身書······························154
大正自由教育·······························57, 59, 62
対話···············14, 39, 85-88, 94, 104-108, 114, 145, 172-173, 175, 192
対話への道徳教育···························172-173
谷本富···57, 62
玉ねぎモデル································198-199
誕生··42, 46, 47, 49
治安維持法···59
忠君愛国·······································54-55, 57
忠孝·······················53, 56-58, 92, 107, 153
津田左右吉·······································21, 30
ティーチャープルーフ·························196
テーマ発問·································130, 132-133
テーマ発問を活用した問題解決的な授業···132
手塚岸衛·······································58, 62
伝統的社会······································94-95

205

天皇……………28, 53, 55-57, 60-63, 72, 107
道徳科………12, 17-19, 35, 38, 40-41, 80, 83-91,
　　93, 108-109, 112-113, 118, 137-138, 142, 144-
　　146, 157-158, 167-169, 175-177, 180-181
道徳科における「問題解決的な学習」の
　　具備すべき基本的要件……………89, 91
道徳科における「問題解決的な学習」
　　での問題の態様…………………………90
道徳科の目標……………40, 85-86, 89-91, 167
道徳基盤理論……………………………192-194
道徳教育実施状況調査…………………185, 200
道徳教育振興に関する答申………………67, 73
道徳教育推進教師……………………………79
『道徳教育のための手引書要綱』………67, 73
道徳教育の目標………45, 76, 134-135, 145
道徳性の諸様相………………………………85
道徳性発達段階……………………………118, 162
道徳性発達理論…………………161-162, 193
道徳的価値………15, 38-40, 81, 86-90, 109, 119,
　　123, 125-126, 130-133, 144, 149, 151, 156-
　　162, 164-165, 168-169, 170-171
道徳的価値葛藤（モラルジレンマ）………58,
　　123-124, 128, 136, 146-147, 149-151, 160-
　　161, 164-167, 174
道徳的行為に関する体験的な学習……81, 88,
　　91, 119, 130, 160, 168, 170, 175
道徳的コンピテンス……………………192, 197
道徳的な判断力……12, 40-41, 84-89, 105, 135,
　　145, 160, 167
道徳の時間……12, 32, 52, 74-81, 83-84, 87, 93,
　　144, 154-155, 157-158, 173, 180, 185-186, 200
「道徳の時間」の特設…………74-78, 81, 84
道徳の時間を要（かなめ）として…………79

『道徳の指導資料』………………………155
道徳の特別教科化……………………74, 80-81
道徳評価………………………176-177, 179-182
徳（アレテー）………………………………38
徳育論争………………………26, 31-32, 53-54
特設主義………………………………………77
特設道徳……………………………………74-78
特別活動……………………40-41, 145-146, 176, 189
特別の教科…………………12, 35, 40, 42, 52,
　　73-74, 80-81, 83, 86, 88, 91, 127, 130, 135,
　　137, 143, 145, 157, 160, 175-177
特別の教科　道徳…………12, 35, 42, 52, 73,
　　80, 83, 86, 88, 91, 127, 130, 135, 137, 145,
　　157, 160, 175-177
トリアージ………………………………150, 152

【ナ行】

内面的な原理…………………………………45
永田繁雄………………………132, 136, 158, 174
中村正直……………………………………153
「汝自身を知れ」……………………………39
西周……………………………………………21
西田幾多郎…………………………………43, 52
西村茂樹…………………………23, 25-26, 30, 54
二宮尊徳……………………………56, 62, 70, 74
『日本道徳原論』……………………………26, 31
人間の道徳………………………9, 10, 14, 92
『人間の学としての倫理学』…………31, 41-42
ネオリベラリズム……………………11-12, 19
ノディングス……………………………19, 192, 201

【ハ行】

ハイト………………………………192-195, 201

発達障害等の児童についての配慮………176
ハビトゥス………………………………34, 36
林泰成………………………171, 175, 201
反省的実践家……………………196, 201
判断場面を設定した問題解決的な授業…135
ピアジェ………………………………117, 129
悲嘆……………………………………………50
広田照幸…………………………………21, 30
不可避的な永訣………………46, 49, 50-51
福岡孝弟……………………………………187
福沢プラン………………………………70, 74
福沢諭吉…………………………21, 54, 61, 153
プラトン……………………………38-39, 40, 42
米国教育使節団……………………64-66, 72
ベーシックインカム…………………………112
ヘルバルト………………………………55-56, 61
ヘルバルト主義………………………………56
報徳（思想）……………………56, 62, 70, 73-74
ポートフォリオ評価法…………151, 181-183
戊申詔書……………………………56, 58, 62, 72
ポスト真実…………………………………103

【マ行】

マナー……………………………33-35, 104, 140
三宅晶子……………………………………156, 174
宮沢賢治…………………………………49, 50, 52
宮田丈夫…………………………………154, 173
明六社………………………………………23
元田永孚……………………26, 31, 53-55, 61, 153, 187
モラル………………………33-35, 149, 157, 162, 201
モラルジレンマ資料の意義……………123
モラルスキルトレーニング（MoST）
　……………………………160, 170-171, 175

問題解決的な学習……………89-91, 119, 130,
　140, 160, 167-170, 174

【ヤ行】

役割演技…………119-121, 125, 130, 170-171
役割取得……………119, 123, 125-126, 149,
　162, 164-166
ヤスパース……………………………………9, 19
柳沼良太…………………………………169, 175
『山びこ学校』……………………………69, 70, 73
有限性……………………………………47, 49, 147
読み物教材の登場人物への自我関与が
　中心の学習」…88, 119, 130-131, 134, 160

【ラ行】

リベラリズム道徳……………………………11-18
臨終………………………………………46, 49
リンド…………………………………………192
倫理……………10, 13-27, 29, 30-32, 35-36, 39,
　41-42, 54-55, 57, 60-62, 65-66, 68, 70, 99,
　102-103, 111, 114-115, 192-193, 201
倫理的消費……………………………………99, 114
ルール……6, 11-13, 15-17, 33-35, 98-99, 129, 148
霊長類……………………………………………7-8

【ワ行】

『私（わたし）たちの道徳』
　…………………119-120, 128, 131, 136, 157
和辻哲郎………………………………31, 41-42

【アルファベット】

VLF（Voice of Love and Freedom）
　………………………………160, 165-167, 174

教職教養講座　第6巻　道徳教育
編著者・執筆者一覧

[編著者]

田中耕治（たなか　こうじ）……………………………………第6章第4節
　京都大学名誉教授、佛教大学教育学部教授。京都大学大学院教育学研究科博士課程単位取得満期退学、京都大学教育学部助手・大阪経済大学経営学部講師・助教授、兵庫教育大学学校教育学部助教授、京都大学教育学部助教授、大学院教育学研究科教授を経て、現職。主要著作：『グローバル化時代の教育評価改革——日本・アジア・欧米を結ぶ——』（日本標準、2016年）、『教育評価』（岩波書店、2008年）、『戦後日本教育方法論史』上下（編著、ミネルヴァ書房、2017年）。

[執筆者]

松下良平（まつした　りょうへい）…………第1章第1節、第4章第2・3節
　武庫川女子大学文学部教授

山名　淳（やまな　じゅん）………………………………………第1章第2節
　東京大学大学院教育学研究科教授

菱刈晃夫（ひしかり　てるお）……………………………………第2章第1節
　国士舘大学大学院人文科学研究科教授

鳶野克己（とびの　かつみ）………………………………………第2章第2節
　立命館大学大学院文学研究科教授

岸本　実（きしもと　みのる）…………………………………第3章第1・2節
　滋賀大学教育学部・教職大学院教授

高根雅啓（たかね　まさひろ）……………………………………第3章第3節
　大阪府立大学高等教育推進機構教授

柴原弘志（しばはら　ひろし）……………………………………第4章第1節
　京都産業大学現代社会学部教授

楜澤　実（くるみさわ　みのる）……………………………………第5章第1節
　　帯広市立稲田小学校校長
堀田泰永（ほりた　やすなが）……………………………………第5章第2節
　　石川県羽咋郡宝達志水町立相見小学校校長
鎌田賢二（かまだ　けんじ）………………………………………第5章第3節
　　京都市立桂川小学校教頭
野本玲子（のもと　れいこ）………………………………………第5章第4節
　　神戸医療福祉大学社会福祉学部准教授
荒木寿友（あらき　かずとも）………………………第6章第1〜3節、第7章
　　立命館大学教職大学院准教授

［索引作成協力者］
武田　萌（たけだ　もえ）
　　京都大学大学院教育学研究科修士課程

教職教養講座　第6巻
道徳教育

平成29年10月3日　第1刷発行

|監修者|高見　茂|
|田中耕治|
|矢野智司|
|稲垣恭子|
編著者	田中耕治Ⓒ
発行者	小貫輝雄
発行所	協同出版株式会社

〒101-0054　東京都千代田区神田錦町2-5
電話 03-3295-1341（営業）03-3295-6291（編集）
振替 00190-4-94061

乱丁・落丁はお取り替えします。定価はカバーに表示してあります。

ISBN 978-4-319-00327-3

教職教養講座

高見 茂・田中 耕治・矢野 智司・稲垣 恭子 監修

全15巻　A5版

- **第1巻　教職教育論**
  京都大学特任教授　高見 茂／京都大学名誉教授　田中 耕治／京都大学教授　矢野 智司 編著
- **第2巻　教育思想・教育史**
  京都大学教授　鈴木 晶子／京都大学教授　駒込 武／東京大学教授・前京都大学准教授　山名 淳 編著
- **第3巻　臨床教育学**
  京都大学教授　矢野 智司／京都大学教授　西平 直 編著
- **第4巻　教育課程**
  京都大学教授　西岡 加名恵 編著
- **第5巻　教育方法と授業の計画**
  京都大学名誉教授　田中 耕治 編著
- **第6巻　道徳教育**
  京都大学名誉教授　田中 耕治 編著
- **第7巻　特別活動と生活指導**
  京都大学教授　西岡 加名恵 編著
- **第8巻　教育心理学**
  京都大学教授　楠見 孝 編著
- **第9巻　発達と学習**
  京都大学名誉教授　子安 増生／京都大学教授　明和 政子 編著
- **第10巻　生徒指導・進路指導**
  放送大学大学院教授・前京都大学准教授　大山 泰宏 編著
- **第11巻　教育相談と学校臨床**
  京都大学教授　桑原 知子 編著
- **第12巻　社会と教育**
  京都大学教授　稲垣 恭子／京都大学教授　岩井 八郎／京都大学教授　佐藤 卓己 編著
- **第13巻　教育制度**
  京都大学特任教授　高見 茂／京都大学教授　杉本 均／京都大学教授　南部 広孝 編著
- **第14巻　教育経営**
  京都大学特任教授　高見 茂／京都大学准教授　服部 憲児 編著
- **第15巻　教育実習 教職実践演習 フィールドワーク**
  京都大学准教授　石井 英真／新潟大学教授・京都大学特任教授　渡邊 洋子 編著

協同出版